Giuseppe Verdi
La Traviata

Giuseppe Verdi

La Traviata

Textbuch (Italienisch – Deutsch)
Einführung und Kommentar
von Kurt Pahlen
unter Mitarbeit von Rosmarie König

SCHOTT

Bibliografische Information der Deutschen Nationalbibliothek
Die Deutsche Nationalbibliothek verzeichnet diese Publikation in der Deutschen
Nationalbibliografie; detaillierte bibliografische Daten sind im Internet über
http://dnb.d-nb.de abrufbar.

Libretto: Nach dem Roman und Drama *La dame aux camélias* (»Die Kameliendame«)
von Alexandre Dumas dem Jüngeren gestaltet von Francesco Maria Piave

Abdruck der Notenbeispiele und des italienischen Librettos erfolgt mit freundlicher
Genehmigung des Verlags G. Ricordi & C. S. p. A., Mailand

Abbildungen: A. Linares, Wien: S. 154, 159, 160, 208, 211; S. Toepffer, München:
S. 153, 157, 162, 166/167, 168, 170/171, 172, 174/175, 204/205, 215, 225; alle
übrigen Abbildungen stammen aus dem Archiv des Autors.

Opern der Welt

Bestellnummer SEM 8026
ISBN 978-3-254-08026-4
Originalausgabe März 1984
6. Auflage
© 2008, 2011 Schott Music GmbH & Co. KG, Mainz
www.schott-music.com

Satz: Filmsatz Schröter GmbH, München
Druck und Bindung: CPI – Clausen & Bosse, Leck
Lektorat: Gerda Weiss / Norbert Henning
Printed in Germany · BSS 46526

Inhalt

Giuseppe Verdi (1813–1901), etwa 40 Jahre alt.

Zur Aufführung

TITEL

»La Traviata«
(stets mit italienischem Originaltitel zitiert)

BEZEICHNUNG

Oper in drei Akten (der zweite in zwei Bilder geteilt).
Text: Francesco Maria Piave nach dem Roman und dem Drama
»Die Kameliendame« von Alexandre Dumas (Sohn), im französischen Original: »La dame aux camélias«, 1848 bzw. 1852.
Musik: Giuseppe Verdi
Uraufführung: Venedig, Teatro La Fenice, 6. März 1853

PERSONENVERZEICHNIS

Violetta Valéry,
  »die Kameliendame«, Pariser Kurtisane . Sopran
Flora Bervoix, ihre Freundin,
  ebenfalls Pariser Kurtisane . . . . Mezzosopran
Annina, Violettas Kammerzofe . . . . Sopran oder
                              Mezzosopran
Alfred (Alfredo) Germont . . . . Tenor
George Germont, sein Vater . . . . Bariton
Gaston, Vicomte de Letorières,
  Alfreds Freund . . . . Tenor
Baron Douphol . . . . Bariton
Marquis d'Obigny . . . . Baß
Dr. Grenvil, Arzt . . . . Baß
Joseph, Violettas Diener . . . . Tenor
Ein Diener Floras . . . . Baß
Ein Bote . . . . Baß
Freunde und Freundinnen Violettas und Floras aus der Pariser
»Halbwelt«. Dienerschaft in den Salons Violettas und Floras.
Gruppen von Zigeunerinnen, Stierkämpfern usw. teilweise
maskiert. Unsichtbarer Chor (im 3. Akt).

SCHAUPLÄTZE UND ZEIT

1. Akt Paris um 1840, im Salon Violettas, der »Kameliendame«.
2. Akt, 1. Bild: Auf dem Lande in der Nähe von Paris (im Roman geortet in Bougival).
   2. Bild: Salon Floras in Paris.
3. Akt: Wohnung Violettas in Paris.

ORCHESTERBESETZUNG

2 große Flöten (die zweite auch Piccolo), 2 Oboen, 2 Klarinetten, 2 Fagotte, 4 Hörner, 2 Trompeten, 3 Posaunen, Tuba, 1 Paar Pauken, Große Trommel, Becken, Triangel, möglichst starke Streicherbesetzung. *Dazu Bühnenmusik (unsichtbar):* Harfe, ferner »Banda« gebildet ad libitum aus 3 verschieden gestimmten Klarinetten, Flügelhorn, Trompeten, Hörner, Baßflügelhorn, Bombardons, Schlagwerk usw.

AUFFÜHRUNGSDAUER

(ohne Pausen) etwa 2 ¼ Stunden.

Textbuch (Italienisch – Deutsch)
mit Erläuterungen
zu Musik und Handlung

Das Vorspiel ist kurz – wie die Mehrzahl der Opernpräludien Verdis. Aber es gehört zu den stimmungsvollsten und einheitlichsten, die er komponiert hat. Es gibt keine Vorbereitung des ersten Akts, dessen Festestreiben kommt hier nicht vor. Die Grundstimmung ist die der Liebe und des Todes, die ja die wahren Grundthemen der Oper bilden.

Die ersten Klänge, ätherisch und überirdisch von den geteilten hohen Violinen angestimmt, nehmen Violettas Tod voraus, der am Ende der Oper steht. Es sind Klänge von berückender Zartheit:

(1)

Sie gewinnen vorübergehend Spannung, schwingen sich auf, werden von Klarinetten und Hörnern gestützt, aber auf die kurze Euphorie folgt ein langsamer, wie hoffnungsloser Abstieg im Unisono. Und dann klopfen Holzbläser, Hörner und tiefe Streicher den echt Verdischen Begleitrhythmus, zu dem die Geigen, nun mit innigstem Ausdruck, ja mit Leidenschaft, die große Liebesmelodie anstimmen, die im Werk leitmotivisch und stets bedeutungsvoll verwendet werden wird:

(2)

10

VORSPIEL

PRELUDIO

Die Melodie breitet sich aus, nach dem ersten Erklingen wiederholt Verdi sie in tieferer Lage (von Violoncelli, Klarinette und Fagott »breit gesungen«), die Geigen stimmen eine lebhaftere Umspielung an. Stoßen hier die Ideen der Liebe und des weltlichen Treibens zusammen? Die Kontrapunktierung der so entgegengesetzten Stimmungen legt außermusikalische Deutungen nahe: Stehen hier das Leben der Kurtisane und das der geläuterten liebenden Frau einander gegenüber? Leise verströmend, ersterbend klingt das Vorspiel aus.

Nun rauscht Feststimmung auf; brillante Tanzrhythmen ertö-
nen, leicht dahinschwebende Melodien, zu denen sich eine ele-
gante Gesellschaft auf der Bühne sorglos und übermütig dahin-
bewegt:

(3)

Verdi gewährt mit diesen hellen, freudigen Klängen dem Büh-
nengeschehen Zeit zur Entfaltung, dem Promenieren, dem
»Konversieren«, der verschiedenartigen Gruppierung der Perso-
nen. Auch als der Chor dann einsetzt, bleibt sein Plauderton
noch unverbindlich, elegant, leicht.

Violetta übernimmt in ihren ersten Worten die beschwingten
Rhythmen, die auch nicht aussetzen, als die Gäste für einen
Augenblick sich nach Violettas Gesundheit erkundigen.

ERSTER AKT *Salon in Violettas Hause.* *Im Hintergrunde eine offene Tür,* *welche zu einem andern Saale* *führt, rechts und links zwei weite-* *re Türen; im Vordergrund links* *ein Kamin, daneben ein Tru-* *meau, in der Mitte des Saales eine* *reich besetzte Tafel.*	**ATTO PRIMO** *Salotto in casa di Violetta.* *Nel fondo è la porta che mette ad* *altra sala; ve ne sono altre due* *laterali; a sinistra un caminetto* *con sopra uno specchio. Nel mez-* *zo è una tavola riccamente im-* *bandita.*

Einleitung
(Violetta sitzt auf einem Divan
und plaudert mit dem Doktor und
einigen Freunden; einige Gäste
gehen dem eintretenden Baron
und dem Marquis, welcher Flora
am Arm führt, entgegen.)
Chor (Tenöre) (zu den Eintre-
tenden):
  Weshalb kommt ihr so spät zu
  dem Feste?
  Sagt, wo wart ihr?
Chor (Bässe): Wir spielten bei
  Flora,
  und beim Spiel, da vergißt man
  die Zeit.
Violetta (geht den Ankömmlin-
gen entgegen):
  Flora, ihr Freunde, ich heiß
  euch willkommen!
  Heiter soll uns die Nacht heut
  vergehn!
  Laßt die Gläser nun fröhlich
  erklingen!
Flora und Marquis: Sind Sie wieder genesen?

Introduzione
(Violetta, seduta sopra un divano,
sta discorrendo col Dottore e con
alcuni amici, mentre altri vanno
ad incontrare quelli che soprag-
giungono, tra i quali il Barone e
Flora al braccio del Marchese.)
Coro (Tenori) (a quelli che giun-
gono):
  Dell'invito trascorsa è già
  l'ora . . .
  Voi tardaste . . .
Coro (Bassi): Giocammo da
  Flora,
  E giocando quell'ore volar.

Violetta (va loro incontro):

  Flora, amici, la notte che resta
  D'altre gioie qui fate brillar . . .
  Fra le tazze più viva è la
  festa . . .

Flora e Marchese: E goder voi
  potrete?

Brausend setzt der Chor aller Anwesenden mit einem Bekenntnis zum Lebensgenuß ein.
Eine Verlangsamung, aber noch keineswegs das Ende der festlichen Rhythmen tritt ein, als Gaston seinen Freund Alfredo einführt und vorstellt.

(4)

Violetta: Ich hoffe!
Unserm Fest geb ich heute
mich hin,
es vertreibt mir alles Leid, das
mich bedrückt.
Alle (ohne Violetta): Ja, wir geben der Freude uns hin.

Violetta: Lo voglio;
Al piacere m'affido,
ed io soglio
con tal farmaco i mali sopir.

Tutti (senza Violetta): Sì, la vita
s'addoppia al gioir.

Gaston (tritt mit Alfred ein):
Dies ist Alfred Germont,
meine Schöne,
der Sie schon seit langem
bewundert.
Es gibt wenige Freunde wie
diesen.
Violetta: Vielen Dank, ich weiß
die Ehre wohl zu schätzen.
*(Violetta reicht Alfred die Hand
zum Kuß.)*
Marquis: Lieber Alfred!
Alfred: Bin hoch erfreut ...
*(Sie drücken einander die Hand.
Unterdessen tragen die Diener die
Speisen auf.)*
Gaston (zu Alfred): Nun siehst
du: hier gibt's Freunde und lu-
stiges Leben.
Violetta (zu den Dienern): Alles
fertig?
*(Ein Diener bejaht durch ein Zei-
chen.)*
Ihr Freunde, bedient euch;
heiter und fröhlich sei jeder
bei mir!
Alle (ohne Violetta): Ja, wie ger-
ne! Die Sorgen entschwinden,

Gastone (entrando con Alfredo):
In Alfredo Germont,
o signora,
Ecco un altro che molto
v'onora;
Pochi amici a lui simili sono.

Violetta: Mio Visconte,
mercè di tal dono.
*(Violetta dà la mano ad Alfredo,
che gliela bacia.)*
Marchese: Caro Alfredo ...
Alfredo: Marchese ...
*(Si stringono la mano. I servi
frattanto avranno imbandito le vi-
vande.)*
Gastone (ad Alfredo): T'ho detto: l'amistà qui s'intreccia al
diletto.
Violetta (ai servi): Pronto è il
tutto?
(Un servo accenna di sì.)

Miei cari, sedete:
È al convito che s'apre ogni
cor.
Tutti (senza Violetta): Ben dice-
ste ... le cure segrete

Weiter fließt die frohe Musik ungetrübt dahin, hält inne, während Violetta ihre Gäste auffordert, es sich an den bereitgestellten Tischen bequem zu machen. Dann ist die fröhliche Melodie Nr. 3 wieder da, der beinahe ausgelassene Chor, bis die Musik bei den Gesprächen am Tisch abermals in das ruhigere Thema Nr. 4 übergeht. Es unterstreicht Gastons bedeutungsvolle Worte über die Zuneigung Alfredos zur Gastgeberin.

Ist es Zufall, daß gerade bei den Worten des Barons, eines typischen Vertreters des oberflächlichen Müßiggängerlebens, das Orchester in das leichtfüßige, ja fast frivole Thema Nr. 3

wo so freundlich die Tafel uns lockt.

(Alle setzen sich, Violetta nimmt zwischen Alfred und Gaston Platz. Gegenüber sitzt Flora zwischen dem Marquis und dem Baron; die übrigen sitzen nach Belieben.)

Alle: Oh, diese Tafel!

Ein wahrer Genuß!

Gaston (spricht leise mit Violetta, dann sagt er):

Alfred spricht nur von Ihnen!

Violetta: Sie scherzen!

Gaston: Als Sie krank lagen, war er voll Sorge.

Täglich frug er nach Ihnen.

Violetta: Tatsächlich?

Was bin denn ich für ihn . . .

Gaston: Ich versichre . . .

Violetta (zu Alfred): Also wirklich? Doch weshalb?

Ich begreif's nicht.

Alfred (seufzend):

Ja, es ist wahr.

Violetta: Nun, so dank ich von Herzen.

(zum Baron) Machten Sie sich, Baron, auch viel Sorgen?

Baron: Nun, ich kenne Sie doch erst ein Jahr lang . . .

Violetta: Aber er erst seit wenig Minuten!

Flora (leise zum Baron): Was Sie sagten, war nicht gerade höflich,

Baron (leise zu Flora): Mir mißfällt dieser Jüngling . . .

Flora: Weshalb?

Fuga sempre l'amico licor.

(Siedono in modo che Violetta resti tra Alfredo e Gastone, di fronte vi sarà Flora, tra il Marchese ed il Barone, gli altri siedono a piacere.)

Tutti: È al convito che s'apre ogni cor.

Gastone (parla piano, a Violetta, poi dice):

Sempre Alfredo a voi pensa.

Violetta: Scherzate?

Gastone: Egra foste, e ogni dì con affanno

Qui volò, di voi chiese.

Violetta: Cessate.

Nulla son io per lui . . .

Gastone: Non v'inganno.

Violetta (ad Alfredo): Vero è dunque? . . . Onde ciò? . . .

Nol comprendo.

Alfredo (sospirando):

Sì, egli è ver.

Violetta: Le mie grazie vi rendo.

(al Barone) Voi, barone, non feste altrettanto . . .

Barone: Vi conosco da un anno soltanto.

Violetta: Ed ei solo da qualche minuto.

Flora (piano al Barone): Meglio fora se aveste taciuto.

Barone (piano a Flora): M'è increscioso quel giovin . . .

Flora: Perchè?

zurückfällt? Es führt die Szene, die immer lärmender wird, bis zum Einsatz des Trinklieds, das Baron Douphol sich darzubringen weigert, aber Alfredo auf Vorschlag Gastons und aller Anwesenden übernimmt.

Mir hingegen gefällt er recht gut!

Gaston (zu Alfred):
Sag, warum bist du heute so schweigsam?

Marquis (zu Violetta): In Ihrer Gegenwart scheint er befangen.

Violetta (schenkt Alfred ein):
Nun, worauf wolln wir trinken?

Alfred (galant):
Auf Erfüllung der heimlichen Wünsche!

Alle: Zum Wohle!
Zum Wohle! Stoßt an!

Gaston: Lieber Freund, haben Sie keinen Trinkspruch, diese fröhliche Stunde zu krönen?
(Der Baron verneint.)
(zu Alfred): Aber du ...

Alle (ohne Alfred und Gaston):
Ja, ja, ein Trinkspruch.

Alfred: Leider bin ich kein Dichter ...

Gaston: Doch, darin bist du Meister!

Alfred (zu Violetta): Ist's auch Ihr Wunsch?

Violetta: Ja.

Alfred (steht auf): Ja? Also gut.

Marquis: So laß hören, fang an.

Alle (ohne Alfred): Ja, laß hören, fang an.

A me invece simpatico egli è.

Gastone (ad Alfredo):
E tu dunque non apri più bocca?

Marchese (a Violetta): È a madama che scuoterlo tocca ...

Violetta (mesce ad Alfredo):
Sarò l'Ebe che versa.

Alfredo (con galanteria):
E ch'io bramo immortal come quella.

Tutti: Beviamo.
Beviamo, beviam.

Gastone: O barone, nè un verso, nè un viva troverete in quest'ora giuliva?
(Il Barone accenna di no.)
(ad Alfredo): Dunque a te ...

Tutti (senza Alfredo e Gastone):
Sì, sì, un brindisi.

Alfredo: L'estro
Non m'arride ...

Gastone: E non sei tu maestro?

Alfredo (a Violetta): Vi fia grato?

Violetta: Sì.

Alfredo (s'alza.): Sì? ...
L'ho già in cor.

Marchese: Dunque attenti ...
attenti al cantor.

Tutti (senza Alfredo): Sì, attenti al cantor.

Die Spannung ist geschickt gesteigert: Alfredo ist sichtlich ein Neuling in dieser Runde. Dann setzt äußerst schwungvoll das Orchester mit der Hauptmelodie des Trinkliedes (italienisch: Brindisi) ein. Alfredo nimmt den mitreißenden Walzerrhythmus auf, in den dann jubelnd der Chor einfällt.

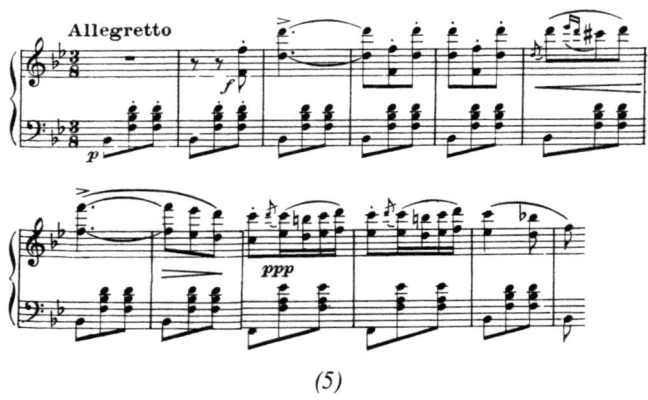

(5)

Violetta hat sich erhoben und erwidert auf die von Alfredo dargebrachte Huldigung mit einer zweiten Strophe des gleichen Liedes (Nr. 5) und wiederum rundet der Chor diese ab.

Trinklied

Alfred:
O Freunde, nun leeret in vollen Zügen
den Kelch, den die Schönheit kredenzet,
und ehe die flüchtigen Stunden fliehen,
genießt diesen edlen Trank.
O trinket frisches Leben
vom Munde einer Schönen,
(mit Beziehung zu Violetta)
die Liebe ist unser Sehnen,
das uns beglückt und erfreut!
Drum leeret, ihr Freunde, in vollen Zügen
den Kelch, den die Liebe uns beut!

Alle (ohne Violetta und Alfred)
Leeret den Kelch, den die Liebe uns beut.

Violetta (steht auf):
Wer froh das Leben mit mir genießen will,
der soll mir stets willkommen sein.
Jeder, der nicht dem Vergnügen sich weihet,
wird diese Torheit bereun!
Genießt das rauschende Leben,
so lang die Liebe glühet!
So lang die Rose noch blühet,
soll uns ihr Duft erfreun!
Genießet das Leben
im Taumel der Freude!

Brindisi

Alfredo:
Libiamo, libiamo ne' lieti calici
Che la bellezza infiora,
E la fuggevol ora
S'inebrii a voluttà.
Libiam ne' dolci fremiti
Che suscita l'amore,
(indicando Violetta)
Poichè quell'occhio al core
Onnipotente va.
Libiamo, amor fra i calici
Più caldi baci avrà.

Tutti (senza Violetta ed Alfredo):
Ah! Libiam, amor fra' calici
Più caldi baci avrà.

Violetta (s'alza):
Tra voi saprò dividere
Il tempo mio giocondo;
Tutto è follia nel mondo
Ciò che non è piacer.
Godiam, fugace e rapido
È il gaudio dell'amore;
È un fior che nasce e muore,
Nè più si può goder.
Godiam . . . c'invita un fervido
Accento lusinghier.

Dann wenden Violetta und Alfredo sich einander zu für kurze Augenblicke eines Duetts; obwohl der flotte Walzerrhythmus fortdauert, gewinnen ihre Worte – besonders die Alfredos – tiefere Bedeutung. Dann reißt die Tischgesellschaft die Führung an sich und intoniert schwungvoll gewissermaßen eine dritte, letzte Strophe des Brindisi, das mit vollem Chor- und Orchesterklang zu Ende geht und zu den wirkungsvollsten Opernstücken gehört.

Sie soll uns die Sorgen zer-
streun!

Alle (ohne Violetta und Alfred):
Ja! Drum leeret die Becher,
und freudige Lieder,
sie mögen erklingen die ganze
Nacht,
und Jubel und fröhliches Lachen ertöne,
bis wieder der Morgen er-
wacht.

Violetta (zu Alfred): Ein Rausch
ist unser Leben . . .

Alfred (zu Violetta): Für den, der
niemals geliebt hat!

Violetta (zu Alfred): Doch wer
soll mich belehren?

Alfred (zu Violetta): Wie gern
wär ich bereit!

Alle: Füllet[1] die Becher, und
freudige Lieder,
sie mögen erklingen[2]!
Nun füllet die Becher, und fro-
hes Lachen ertöne,
bis wieder uns der Tag[3] erwacht.

Tutti (senza Violetta ed Alfredo):
Ah! Godiamo . . .
la tazza e il cantico
La notte abbella e il riso;
In questo paradiso
Ne scopra il nuovo dì.

Violetta (ad Alfredo): La vita è
nel tripudio.

Alfredo (a Violetta): Quando non
s'ami ancora.

Violetta (ad Alfredo): Nol dite a
chi l'ignora.

Alfredo (a Violetta): È il mio de-
stin così . . .

Tutti: Ah, sì godiamo[1] . . .
la tazza e il cantico
La notte abbella e il riso;
In questo paradiso
Ne scopra il nuovo dì.

---

[1] Violetta singt hier: »Nun so leeret . . .«
und Alfred: »So leeret . . .«
[2] Von hier an singen Violetta und Alfred:
»die ganze Nacht!
Und Jubel und fröhliches Lachen ertöne,
bis wieder der Morgen erwacht.«
[3] In der letzten Wiederholung heißt es »Morgen«
statt »Tag«.

[1] Violetta nur: »Ah, godiamo . . .« und Alfredo:
»Godiamo . . .«

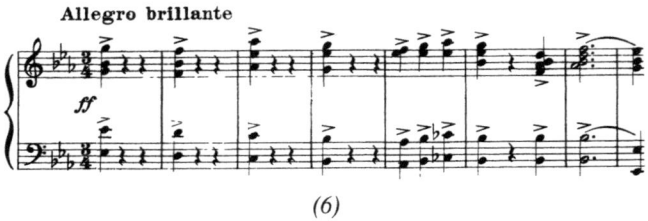

(6)

Verdi bleibt im schwingenden Dreivierteltakt, dem Walzer, dem damaligen Modetanz der europäischen Salons. Die Musik kommt aus dem angrenzenden Raum, sie wird zumeist ausgeführt von einem echten Bühnenorchester. Sie schwebt leicht, sie klingt froh und graziös. Sie wird aber hier nicht – wie in zahllosen Opern – choreographisch ausgewertet. Sie bleibt, während wir uns die Gesellschaft im Nebenraum beim Tanz vorstellen, untermalende Musik zu einem Duett, das auf den ersten Blick gar nicht zu ihr zu passen scheint.

(7)

Walzer und Duett	Valzer e Duetto
(Im Nebenraum erklingt Musik.)	*(S'ode musica dall'altra sala.)*
Alle (ohne Violetta): Musik!?	*Tutti (senza Violetta):* Che è ciò?
Violetta: Dort in dem Saale könnt ihr jetzt tanzen.	*Violetta:* Non gradireste ora le danze?
Alle (ohne Violetta): Oh, wie schön, sehr gern! Wir nehmen dankbar an.	*Tutti (senza Violetta):* Oh, il gentil pensier! . . . tutti accettiamo.
Violetta: Gehn wir hinüber . . .	*Violetta:* Usciamo dunque . . .
(Alles wendet sich der Tür nach dem Nebenraum zu, als Violetta von plötzlicher Schwäche befallen wird.)	*(S'avviano alla porta di mezzo, ma Violetta colta da subito pallore dice.)*
O Gott!	Ohimè! . . .
Alle (ohne Violetta): Was ist denn?	*Tutti (senza Violetta):* Che avete? . . .
Violetta: Gar nichts, gar nichts . . .	*Violetta:* Nulla, nulla.
Alle (ohne Violetta): Was soll das Zögern?	*Tutti (senza Violetta):* Che mai v'arresta? . . .
Violetta (macht einige Schritte): So kommt nur!	*Violetta (fa qualche passo):* Usciamo . . .
(ist neuerdings genötigt, sich zu setzen)	*(è nuovamente obbligata a sedere)*
O Himmel!	Oh Dio! . . .
Alle (ohne Violetta und Alfred): Die Arme!	*Tutti (senza Violetta ed Alfredo):* Ancora! . . .
Alfred (zu Violetta): Oh, was ist denn?	*Alfredo:* Voi soffrite?

27

Die sich von einem schweren Hustenanfall, Anzeichen ihrer
gefährlichen Krankheit, erholende Violetta und Alfredo setzen
hier gewissermaßen die kurz zuvor begonnene und vom Chor
unterbrochene Unterhaltung fort. Seine Stimme klingt besorgt,
bittend – und so eigentlich dem Walzerrhythmus entgegengesetzt
–, während Violetta, obwohl immer stärker von Alfredos Worten
berührt, diese Tanzweise dazu benutzen möchte, das Gespräch
nicht zu ernst werden zu lassen.

Alle (ohne Violetta, Alfred und Chor): Was ist geschehen?
Violetta: Ich fühl mich schwach und müde!
Geht nur hinüber . . .
(zeigt nach dem andern Saal)
bald werd auch ich bei euch sein.
Alle (ohne Violetta und Alfred):
Ganz wie Sie wünschen.
(Alle ab, außer Alfred und Violetta)
Violetta (steht auf und blickt in den Spiegel): Wie bin ich blaß!

(bemerkt Alfred)
Sie hier?
Alfred: Sind Ihre Schmerzen noch nicht vorbei?
Violetta: 's ist besser!
Alfred: O Violetta,
ich muß Sie bitten,
sich mehr zu schonen,
ja wirklich mehr zu schonen.
Violetta: Wenn ich das könnte!
Alfred: Wenn Sie erlaubten,
wie wollt ich über Sie wachen
in liebender Sorge um Sie.

Violetta: In Sorge?
Worte wie diese hörte ich nie!

Alfred (feurig): Weil außer mir dich keiner lieb hat.
Violetta: Ist's wahr?
Alfred: Ich bin der einz'ge.
Violetta (lachend): Ja freilich!
Wie konnt ich Törin das nur vergessen!

Tutti (senza Violetta, Alfredo e Coro): Oh ciel! . . .ch'è questo?
Violetta: Un tremito che provo . . .
Or là passate . . .
(Indica l'altra sala.)
Fra poco anch'io sarò . . .

Tutti (senza Violetta ed Alfredo):
Come bramate.
(Tutti passano nell'altra sala, meno Alfredo e Violetta)
Violetta (si alza e va a guardarsi allo specchio): Oh qual pallor! . . .
(si volge e s'accorge d'Alfredo)
Voi qui! . . .
Alfredo: Cessata è l'ansia
Che vi turbò?
Violetta: Sto meglio.
Alfredo: Ah, in cotal guisa
V'ucciderete . . .
aver v'è d'uopo cura
Dell'esser vostro . . .
Violetta: E lo potrei?
Alfredo: Oh, se mia
foste, custode veglierei
pe' vostri
Soavi dì.
Violetta: Che dite? . . . ha forse alcuno
Cura di me?
Alfredo (con fuoco): Perchè nessuno al mondo v'ama . . .
Violetta: Nessun?
Alfredo: Tranne sol io.
Violetta (ridendo): Gli è vero! . . .
Sì grande amor dimenticato avea . . .

Da beendet das Orchester im Nebenraum den Walzer. Das Hauptorchester nimmt nun die überaus einfache Begleitung zu Alfredos kleiner »Ariette« auf:

(8)

Verdi gewährt Alfredo hier eine innige Liebeserklärung, die sich in immer größeres Feuer und schließlich in die zweite, abgewandelte Form der Liebesmelodie (Nr. 2) steigert; diese wird nun zur selbständigen Melodie:

(Notenbeispiel S. 32)

Alfred: Du lachst noch? So herzlos bist du?

Violetta: Vielleicht . . . auch . . .
herzlos . . .!
Wozu jetzt diese Frage?

Alfred: Wenn du ein Herz hast,
warum quälst du den, der dich
liebt?

Violetta: Soll ich das glauben?

Alfred: Es ist die Wahrheit!

Violetta: Und lieben Sie mich
schon lange?

Alfred: Seit einem Jahre!
Ich war bezaubert von
deinem Reiz,
von deinem ganzen Wesen,
und ich entbrannte in Liebe,
liebte mit maßloser Glut.

Alfredo: Ridete? . . . E in voi v'ha
un core? . . .

Violetta: Un cor? . . . sì . . . forse
. . . E a che lo richiedete?

Alfredo: Ah, se ciò fosse, non
potreste allora celiar.

Violetta: Dite davvero? . . .

Alfredo: Io non v'inganno.

Violetta: Da molto è che mi
amate?

Alfredo: Ah, sì, da un anno.
Un dì, felice, eterea,
Mi balenaste innante,
E da quel dì tremante
Vissi d'ignoto amor.

(9)

Beide Fassungen werden sich in ähnlicher Bedeutung durch das ganze Werk ziehen.

In viel leichterem Ton antwortet Violetta auf Alfredos so ernst gemeinte Liebeserklärung:

(10)

Mit glitzernden, aber nicht wärmenden Koloraturen sucht sie Alfredo von ihrer Abneigung gegen eine tiefere Liebe zu überzeugen.

Die Stimmen vereinen sich, werden zum echten Duett, wenn auch die Texte und die Melodieführung noch deutlich einen Charaktergegensatz anzudeuten scheinen, der erst gegen Schluß überwunden wird.

Liebe, o Liebe, du mächtge
Zauberin,
die alles Leben in dieser Welt
beweget.
Welch ein Geheimnis hält sich
in ihr verborgen!
Wonne, Leid und Entzücken
bringt sie dem Herzen, das ihr
verfiel.

Di quell'amor ch'è palpito
Dell'universo intero,
Misterioso, altero,
Croce e delizia al cor.

Violetta:
Wenn es so ist, dann gehen Sie,
ich kann nur Freundschaft
geben.
In meinem ganzen Leben
hab ich mich noch nie ge-
bunden.
Ich sag es frei: Ach, gehen Sie,
suchen Sie eine andre.
Nicht schwer ist sie zu finden;
vergessen Sie mich bald!
Alfred:
O Liebe! Welch ein Geheimnis
hält sich in ihr verborgen!
Wonne, Leid und Entzücken
bringt sie dem Herzen,
das ihr verfiel.

Violetta:
Ah, se ciò è ver, fuggitemi . . .
Solo amistade io v'offro:
Amar non so, nè soffro
Un così eroico amore.
Io sono franca, ingenua;
Altra cercar dovete;
Non arduo troverete
Dimenticarmi allor.

Alfredo:
Oh, amore,
misterioso, altero
Croce e delizia al cor.

Gaston erscheint für einen Augenblick, um nach dem Verbleib seines Freundes und der Gastgeberin zu sehen. Damit kehren der Tanzrhythmus, die Ausgelassenheit des Festes zurück.

Violetta greift diesen Tonfall auf, um Alfredo abermals vom Thema der Liebe abzubringen. Auch er stimmt in die frohe Melodie ein, aber man fühlt, wie traurig er geworden ist, als er sich nun zum Gehen wendet.

Da hält ihn Violetta zurück: es ist der entscheidende Augenblick, die entscheidende Geste, aber Verdi behält mit glänzender Psychologie die leichte, ja leichtfertige Melodie bei und paßt ihr die Stimmen an. So, als käme die Musik wirklich vom Tanz im Nebenraum, wo niemand die sich zwischen Violetta und Alfredo abspielende, beider Leben verändernde Szene bemerkt, von ihr gar nichts ahnt. Nun ist auch Violettas Gesangslinie ruhiger und ausdrucksvoller geworden, wärmer auch und immer mehr von Gefühl durchpulst.

Gaston (tritt zur Mitteltür herein):
Holla! Was treibt ihr so lange?
Violetta: Ein wenig plaudern . . .
Gaston: Haha! Schon gut, so
bleibt nur!
(ab)
Violetta (zu Alfred):
Und nun: nichts mehr von
Liebe.
Wolln Sie's versprechen?
Alfred: Ich muß gehorchen . . .
und gehe . . .
(will ab)
Violetta: So ohne Abschied?
*(nimmt eine rote Kamelie von ih-
rem Kleid.)*
So nehmen Sie diese Blume.
Alfred: Ich soll?
Violetta: Kommen Sie wieder . . .
Alfred: Wann denn?
Violetta: Wenn sie beginnt zu
welken.
Alfred: O Gott! Schon morgen?
Violetta: Gewiß . . . schon
morgen.
*Alfred (die Blume ans Herz drük-
kend):*
Ich bin unendlich glücklich.
Violetta: Ist's wahr, daß Sie mich
lieben?
Alfred: O ganz unsagbar liebe
ich dich,
unsagbar lieb ich dich!
Violetta: Sie lieben mich!
Alfred: Ich bin unendlich
glücklich!

Gastone (sulla porta di mezzo):
Ebben? . . . che diavol fate?
Violetta: Si folleggiava . . .
Gastone: Ah! ah! . . . sta ben . . .
restate.
(Rientra.)
Violetta (ad Alfredo):
Amor dunque non più . . .
Vi garba il patto?
Alfredo: Io v'obbedisco . . .
Parto . . .
(per andarsene)
Violetta: A tal giungeste?
(Si toglie un fiore dal seno.)

Prendete questo fiore.
Alfredo: Perchè?
Violetta: Per riportarlo . . .
Alfredo: Quando?
Violetta: Quando
sarà appassito.
Alfredo: O ciel! domani . . .
Violetta: Ebben, domani.

*Alfredo (prende con trasporto il
fiore):*
Io son felice!
Violetta: D'amarmi dite ancora?

Alfredo: Oh, quanto v'amo! . . .[1]

Violetta: D'amarmi . . .
Alfredo: Io son felice!

---

[1] Während im Italienischen immer der gleiche Text wiederholt wird, legen die deutschen Übersetzer Violetta und Alfredo Worte in den Mund, die nicht von Piave stammen.

Sie nehmen Abschied, aber sie wissen, daß es nur für einen Tag sein wird: im italienischen Original schwingt das vorher von Violetta versprochene »Domani!« (morgen) im innigen »Addio« (Lebewohl) mit, der deutsche Text wiederholt an dessen Stelle zweimal »Schon morgen!«

Noch steht Violetta und blickt gedankenvoll Alfredo nach. Da kehrt zu der übermütigen Festesmelodie die Gesellschaft aus dem Nebensaal zurück (Nr. 3), heiter und lärmend ist der Aufbruch, schon naht der Morgen, und am nächsten Abend wird es, wie täglich, neue Feste geben: das Leben ein einziger toller Rausch, der für viele Selbstzweck ist, für manche vielleicht ein Mittel zur Selbstbetäubung, um die Sinnlosigkeit solchen Daseins nicht zu gewahren.

Es ist still geworden um Violetta, die noch keine Ruhe finden kann und über das Erlebte nachdenkt. Die Lichter sind herabgebrannt, die beschwingte Musik ist zu Ende, die Stimmen der Gäste sind verhallt.

Violetta: O sagen Sie's noch
  einmal . . .
Alfred: O ganz unsagbar liebe ich
  dich, unsagbar lieb ich dich.
      (will gehen)
Violetta: Sie gehen?
Alfred: Ich gehe.
*(kehrt zurück und küßt ihr die
      Hand)*
Violetta: Nun gehn Sie . . .
Alfred: Wir sehn uns wieder.
Violetta und Alfred: Schon
  morgen.
      (Alfred geht ab.)

      Stretta der Einleitung
*(Alle kehren vom Tanz erhitzt aus
    dem Saale zurück.)*
Alle (ohne Violetta):
  Unaufhaltsam naht der
  Morgen,
  es ist Zeit, daß wir nun gehen.
  Vielen Dank, verehrte
  Freundin,
  für das wunderschöne Fest.
  Immer heller wird der Himmel,
  es ist Zeit, wir müssen gehn!
  Vielen Dank für diesen
  Abend,
  es war wirklich wunderschön.
  Neue Feste locken morgen,
  und wir sind dazu bereit;
  doch wir brauchen etwas Ruhe
  vor der nächsten Lustbarkeit.
  Geschwind nach Haus!
  Ja, wir brauchen etwas Ruhe
  vor der nächsten Lustbarkeit.
      (Gehen ab.)

Violetta: D'amarmi dite ancora?

Alfredo: Oh, quanto v'amo!

      (per partire)
Violetta: Partite?
Alfredo: Parto.
  (torna a lei, le bacia la mano)

Violetta: Addio.
Alfredo: Di più non bramo.
Violetta ed Alfredo: Addio.

      (Alfredo esce.)

      Stretta dell'Introduzione
*(Ritornano tutti dalla sala riscal-
    dati dalle danze.)*
Tutti (senza Violetta):
  Si ridesta in ciel l'aurora,
  E n'è forza di partire;
  Mercè a voi, gentil signora,
  Di sì splendido gioir.
  La città di feste è piena,
  Volge il tempo dei piacer;
  Nel riposo ancor la lena
  Si ritempri per goder.

      (Partono dalla destra.)

*Mit einem zu Anfang gar nicht, später spärlich vom Orchester
unterstrichenen Monolog beginnt die folgende große Szene,
Violettas Selbstgespräch, die berühmte Arie, in die sich zweimal
aus der Ferne Alfredos Stimme mischt:*

(11)

*Das Rezitativ weicht mit leisen Bläserakkorden dem ersten Teil
der Arie, die auf einem wahren Minimum von zarter Streicher-
grundierung eine bei Violetta ungewohnte, ja ungeahnt innige
Melodie bringt, in dunklem und doch warmem f-Moll:*

(Fortsetzung des Notenbeispiels S. 40)

Szene und Arie
Violetta

Violetta: Wie seltsam! Wie
seltsam!
Wie drang seine Stimme mir
zum Herzen!
Und wenn ich wirklich liebte,
wär es ein Unglück?
Mich bewegt ein Gefühl, das
ich nicht kannte!
Noch nie war ich erregt
wie heute!
Wie selig, wahrhaft zu lieben
und auch geliebt zu werden!
Ich verschmähte das Schönste
im Taumel dieses Lebens,
dem ich mich weihte.

Wird er es sein, den ich
im Traum,
doch nur aus weiter Ferne,
glaubte so oft vor mir zu sehn
gleich einem hellen Sterne?

Scena ed Aria
Violetta

Violetta: È strano! . . .
è strano! . . .
in core
scolpiti ho quegli accenti!
Saria per me sventura un serio
amore?
Che risolvi, o turbata anima
mia?
Null'uomo ancora t'accende-
va . . . O gioia
Ch'io non conobbi, esser ama-
ta amando! . . .
E sdegnarla poss'io
Per l'aride follie del viver mio?

Ah, fors'è lui che l'anima
Solinga ne' tumulti
Godea sovente pingere
De' suoi colori occulti! . . .
Lui che modesto e vigile

(12)

Sie hellt sich auf, steigert sich und mündet mit einfachster Modulation (über C-Dur) in den großen Ausbruch des Liebesmotivs in F-Dur (in seiner Form Nr. 9). Das Glück bahnt sich für Violetta an, ein neues unbekanntes Sehnen hat sie erfaßt und erfüllt immer stärker ihr liebebedürftiges Herz.

Verdi fügt noch eine zweite Strophe dieses Teils an. Wiederum die gehauchten, staccato aufwärts fliehenden Bläserakkorde, wieder der zarte Streicheruntergrund, wieder das ein wenig schwermütige f-Moll, die fast stockende Begleitung – als zögere Violetta, an diese Liebe zu glauben – mit der Einmündung in die Liebesmelodie. Doch dieses Mal ein gesteigerter Schluß, der sogar eine kurze Kadenz der Stimme mit Koloratur bringt. Bedeutet diese Kadenz etwas? Sind es die Zweifel, die in Violetta aufsteigen, die altgewohnte Vergnügungssucht, die an ein ruhiges, innerliches Glück nicht glauben will? Oder ist es einfach der Brauch der italienischen Oper?

Er, der um mich in Sorge war,
führt mich zurück ins Leben,
weckt nun in mir die Liebe,
die ich noch nie gefühlt.

All'egre soglie ascese,
E nuova febbre accese,
Destandomi all'amor.

Liebe, o Liebe, du mächtge
Zauberin,
die alles Leben in dieser Welt
beweget.
Welch ein Geheimnis
hält sich in ihr verborgen?
Wonne, Leid und Entzücken
bringt sie dem Herzen, das ihr
verfiel.

A quell'amor ch'è palpito
Dell'universo intero,
Misterioso, altero,
Croce e delizia al cor.

Ich war verloren, stets allein
mitten im tollen Leben,
nun strahlt ein neuer Hoff-
nungsschein,
läßt mir das Herz erbeben.
Von einem fremden Zauber
ist mir der Sinn umfangen,
das Paradies der Liebe
sehe ich nun vor mir.
Liebe, o Liebe, du mächtge
Zauberin,
die alles Leben in dieser
Welt beweget.
Welch ein Geheimnis
hält sich in ihr verborgen?
Wonne, Leid und Entzücken
bringt sie dem Herzen, das ihr
verfiel.

A me fanciulla, un candido
E trepido desire
Quest'effigiò dolcissimo
Signor dell'avvenire,
Quando ne' cieli il raggio
Di sua beltà vedea,
E tutta me pascea
Di quel divino error.

Sentia che amore è palpito
Dell'universo intero,
Misterioso, altero,
Croce e delizia al cor!

*(bleibt in Gedanken versunken
stehen.)*

(Resta concentrata)

41

*Jedenfalls tritt sofort nach diesem vermeintlichen Arienschluß
eine Besinnungspause für Violetta ein. Sie sucht die lichten
Träume zu verbannen. Stimme und Orchester werden dramatisch. Ist das nicht alles Torheit, Wahn, Illusion, was sie sich
einbildet?*

*Nun ergeht sich ihre Stimme in immer rasenderen Koloraturen.
Vorbei der Wahnsinn, zurück zu ihrer Wirklichkeit! Die heißt:
Kurtisanenfreuden, Luxus, Genuß, besinnungloser Taumel, um
nicht nachdenken zu müßen über die Hohlheit, die Sinnlosigkeit
ihres Lebens, über ihr abgetötetes Empfinden. Das Orchester
reißt sie in eine schwungvolle, überstömend lebensfreudige, ja
lebenstolle Melodie (mit scharf akzentuierten Geigentrillern):*

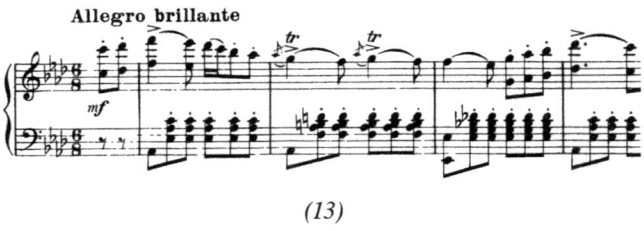

(13)

*Sie schüttelt die nachdenklichen, gefühlvollen Anwandlungen
ab, und nun läuft der zweite Teil der Arie in glitzerndem As-Dur
(es ist bezeichnenderweise die Paralleltonart von f-Moll, psychologische Deutungen wären hier leicht denkbar) und einer sich
erhitzenden, steigernden Stimme ab –, bis Alfredos Gesang aus
der Ferne erklingt. Er singt das Liebesmotiv (in der Form von*

*(Plötzlich sich gewaltsam empor-
reißend)*

Ach Torheit, ja Torheit!
Mich hat ein Wahn ver-
blendet!
Ich armes Mädchen,
einsam und so verlassen
allein in dieser Stadt,
dieser trostlosen, menschen-
reichen Wüste,
was kann ich tun, nicht zu verzweifeln?
Genießen im Taumel wilder
Fröhlichkeit,
in toller Lust vergehn!
Ah! Ah!
Ich will frei sein und
mein Leben
nur im Taumel heiter
genießen,
nur der Freude mich ergeben
und im Rausche selig vergehn.
Jeder Abend und alle Nächte
sind zu neuen Festen erkoren.
Jede Stunde ist verloren,
die nicht froh und heiter
vergeht,
jeder Tag, der nicht froh und
heiter vergeht.

(scuotendosi improvvisamente)

Follie! . . . follie . . . delirio va-
no è questo! . . .
Povera donna, sola,
Abbandonata in questo
Popoloso deserto
Che appellano Parigi,
Che spero or più? . . .
Che far degg'io! . . .
Gioire,
Di voluttà ne' vortici perir.

Gioir! Gioir!
Sempre libera degg'io
Folleggiare di gioia in gioia,
Vo' che scorra il viver mio
Pei sentieri del piacer.
Nasca il giorno, o il giorno
muoia,
Sempre lieta ne' ritrovi
A diletti sempre nuovi
Dee volare il mio pensier.

Alfred (unter dem Balkon):
Liebe, o Liebe, du mächtge
Zauberin,

Alfredo (sotto al balcone):
Amor amor è palpito
Dell'universo intero,

43

*Nr. 9) und bringt Violetta zum Innehalten, zu einem Augenblick
der Besinnung.*

*Doch wieder schüttelt sie es ab. Die zweite Strophe des brillanten
Arienteils jagt dahin, wieder bis ins hohe C hinauf, mit Trillern
und erregten Synkopen, mit Koloraturen bis ins hohe Des.*
*Wieder Alfredos Stimme mit der Liebesmelodie (dieses Mal in
der Form von Nr. 9), auf die Violetta mit immer neuen Versuchen der Selbstbetäubung antwortet: Läufe, Spitzentöne, hekti-
sche Ausgelassenheit. Nach außen hin eine blendende Arie voll
Effekt und toller Laune –, in Wahrheit aber ein psychologisch
diffiziles Seelengemälde, ein gewaltsamer Übertönungsversuch
des eigenen Herzens, das zum Zerreißen gespannt ist und seine
bereits begonnene Wandlung nicht wahrhaben, nicht nach außen
dringen lassen will. Was (im 2. Teil) anscheinend eine der stimm-
protzigen, m-ta-ta-begleiteten Arien Verdis ist, erweist sich bei
richtiger Interpretation – deren Schwierigkeit außergewöhnlich
ist – als meisterhafte Darstellung eines Seelendramas, als glän-
zendes Bild einer musikalischen Wandlung, die unter Schmerzen
vor sich geht. Hier verläßt ein Mensch, nur von seinem Herzen
getrieben, vom Verstand vergebens zurückgehalten, sein bisheriges Dasein, um sich dem neuen, großen Erleben zu öffnen.*

die alles Leben in dieser Welt
beweget.
Welch ein Geheimnis
hält sich in ihr verborgen?
Wonne, Leid und Entzücken
bringt sie dem Herzen, das ihr
verfiel.

Violetta:

O! O Liebe!
's ist Torheit, ja, Torheit! Ja
Wahnsinn!
Ah! Ah!
Ich will frei sein
und mein Leben nur im Taumel heiter genießen.
(usw. wie oben)
        (Rasch ab.)

Misterioso, altero,
Croce e delizia al cor.

Violetta:

Oh! Oh, amore!
Follie! Follie! Follie!
Gioir, gioir!

Sempre libera degg'io
Folleggiare di gioia in gioia.

(etc. come sopra)
        (Entra a sinistra.)

45

Der große Wandel ist vollzogen. Drei Monate leben Alfredo und Violetta nun in glücklichster Liebe miteinander. Für ein ganzes langes Bild bleiben nun alle sinnlichen Klänge, wie sie den ersten Akt begleiteten, vergessen, so wie Violetta ihr früheres Leben freudig zurückgelassen, ja vergessen hat, wie sie aus vollem Herzen meint und hofft.

Nach dem Brauch der italienischen Oper – die ihre unwandelbaren Gesetze besitzt, wenn auch einmal ein Stoff, wie hier, eine »besondere« Behandlung verlangt – wäre nun, nach Violettas ausgiebiger Schlußarie des ersten Akts, eine ähnliche Gelegenheit für den Tenor fällig. Ein wenig kleiner vielleicht, denn die unbestrittene Hauptperson dieser Oper ist nun einmal Violetta;

ZWEITER AKT	ATTO SECONDO

ERSTES BILD
Landhaus bei Paris
Gartensaal; im Hintergrund zwischen zwei Glastüren, die in den Garten führen, ein Kamin, auf dessen Sims ein Spiegel und eine Uhr stehen. Im Vordergrund zwei weitere Türen einander gegenüber. Sessel, Tische, auf einem Tische Bücher und Schreibgerät.

SCENA PRIMA
Casa di campagna presso Parigi
Salotto terreno. Nel fondo in faccia agli spettatori, è un camino, sopra il quale uno specchio ed un orologio, fra due porte chiuse da cristalli che mettono ad un giardino. Al primo piano, due altre porte, una di fronte all'altra. Sedie, tavolini, qualche libro, l'occorrente per scrivere.

Szene und Arie
Alfred
Alfred (tritt im Jagdkostüm ein):

Scena ed aria
Alfredo
Alfredo (entra in costume da caccia):

Wenn ich ihr fern bin,
ist freudlos jede Stunde!
(legt sein Gewehr ab)
Drei Monde sind vergangen,
seit meine Violetta
alles für mich verließ:
den Reichtum, die Freunde,
den Glanz der frohen Feste,
auf denen alle Männer,
betört von ihrem Reiz,
nur sie umschwärmten . . .
Nun lebt sie glücklich
mit mir in dieser Stille,
ist zufrieden und froh.
An ihrer Seite fühl ich mich
neugeboren,

Lunge da lei per me non v'ha diletto!
(depone il fucile)
Volaron già tre lune
Dacchè la mia Violetta
Agi per me lasciò, dovizie, amori,[1]
E le pompose feste
Ov' agli omaggi avvezza,
Vedea schiavo ciascun di sua bellezza . . .
Ed or contenta in questi ameni luoghi
Tutto scorda per me. Qui presso a lei

---

[1] TV (Textvariante): Für »amori« steht auch »onori«.

Alfredo ist vor allem ihr Partner, nicht umgekehrt. Und so gibt Verdi ihm hier »seine« Arie: mit freudiger Orchestereinleitung, ausdrucksvollem Rezitativ und schließlich einer edlen, jugendlich begeisterten Melodie:

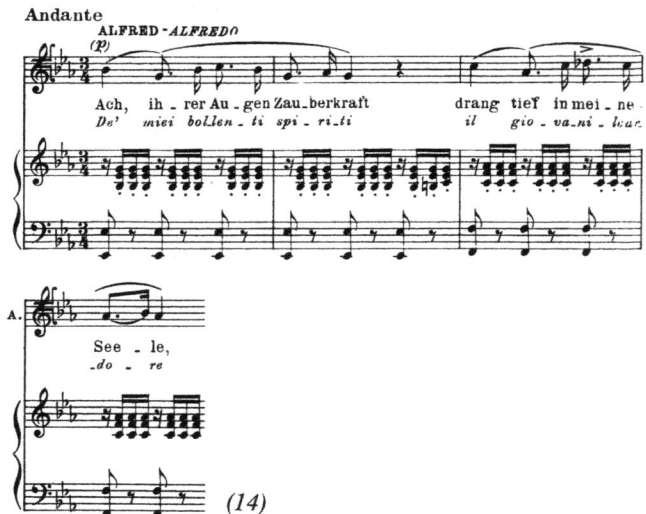

(14)

Natürlich fehlt diese Arie im Repertoire keines, besonders keines italienischen, Tenors, aber sie gehört darin nicht zu den beliebtesten; bietet sie zu wenig stimmliche Effekte? (Sie geht merkwürdigerweise nur bis zum hohen As, bleibt also recht beträchtlich hinter den eigentlichen Spitzentönen B, H, C zurück, die Tenöre so gerne singen –, sofern sie sie »haben«.)
Da ist allerdings noch ein zweiter Teil der Arie, den Alfredo nach der kurzen, aber sehr wichtigen Episode mit Annina anstimmen soll. Eigentlich ist es eher eine zweite Arie, denn sie hat weder stimmungsmäßig noch musikalisch das mindeste mit dem ersten Teil zu tun. Sie ist ohne die kurze Annina-Szene gar nicht denkbar, also auf dem Konzertpodium nicht gut an den ersten Teil anzuschließen. Sie wird auch nicht in allen Vorstellungen gesungen. Der Regisseur kann der Meinung sein, sie halte die Dramatik der Handlung unnötig auf. Der plötzlich gefaßte

und bezaubert von ihrem ganzen Wesen
spür ich, wie das Vergangne
meinem Gedächtnis ent-
schwindet!

Ach, ihrer Augen Zauberkraft
drang tief in meine Seele,
gab mir, was ich noch nie empfand,
der Liebe süßes Glück:
Seligkeit! Seit sie mir sagte:
»Dir allein, Geliebter,
will ich mein Leben weihn!«
tat sich vor mir der Himmel auf
und ließ ein Paradies mich
schaun.

     (Annina tritt ein)
Alfred: Annina, wohin willst du?
Annina: Nach Paris.
Alfred: In wessen Auftrag?
Annina: Im Auftrag von Ma-
dame.
Alfred: Weshalb?
Annina: Ich soll die Pferde, die
Kaleschen und den Schmuck
verkaufen.
Alfred: Wie? Warum denn?
Annina: Wir brauchen Geld,
um den Aufwand zu be-
streiten.
Alfred: Warum schwiegst du?
Annina: Weil Schweigen mir
befohlen.
Alfred: Befohlen? Sag, wieviel
braucht ihr?
Annina: Tausend Dukaten.
Alfred: Ich werde das Geld be-
schaffen ...

Io rinascer mi sento,
E dal soffio d'amor rigenerato
Scordo ne' gaudi suoi tutto il
passato.

De' miei bollenti spiriti
Il giovanile ardore
Ella temprò col placido
Sorriso dell'amor!
Dal dì che disse: vivere
Io voglio a te fedel,
Dell'universo immemore
Io vivo quasi in ciel.

     (Annina entra affannosa)
Alfredo: Annina, donde vieni?
Annina: Da Parigi.
Alfredo: Chi tel commise?
Annina: Fu la mia signora.

Alfredo: Perchè?
Annina: Per alienar cavalli,
cocchi,
E quanto ancor possiede.
Alfredo: Che mai sento!
Annina: Lo splendio è grande a
viver qui solinghi ...

Alfredo: E tacevi?
Annina: Mi fu il silenzio imposto.

Alfredo: Imposto! ... Or v'abbi-
sogna? ...
Annina: Mille luigi.
Alfredo: Or vanne ... andrò a
Parigi.

Entschluß Alfredos, selbst die Lösung der materiellen Probleme in die Hand zu nehmen, darf nicht durch eine längere (und dazu zweistrophige) Arie rein äußerlicher Stimmeffekte verzögert werden: dies die Auffassung manches Theaters, diskutabel wie jeder – selbst der bestgemeinte – Eingriff in eine Meisterpartitur. Ob diese »zweite« Arie zu Verdis stärksten gehört, ist eine andere, hier nicht zu beantwortende Frage. Sie gibt dem Tenor immerhin Gelegenheit zu jenen »Kunststücken«, von denen sich die erste freihielt. Charakterlich gewährt sie Alfredo sogar noch mehr, sie zeigt ihn – wie auch schon in der Orchestereinleitung (die an Manricos »Stretta« im »Troubadour« erinnert) – als plötzlich energiegeladenen, überaus resoluten Mann, was er in der gesamten übrigen Partie nicht ist:

(15)

Doch sei verschwiegen!
Kein Wort zu deiner Herrin!
Das ordne ich!
Sei du nur ohne Sorge!
Geh! Geh!
(Annina ab.)

Questo colloquio non sappia[1]
la signora.
Il tutto valgo a riparare an-
cora.
Va! Va!
(Annina parte.)

Alfred: O Gott, in welcher Trau-
meswelt
war ich bis heut gefangen!
Vergessen war die Wirk-
lichkeit,
ich lebt in eitlem Wahn!
Doch nun verging dieser holde
Traum;
die Not, sie öffnet mir die
Augen!
Ich weiß, was ich mir schuldig
bin
und mache alles gut.
Wie blind ich war!
O diese Qual!
Noch heute mach ich alles wieder gut!
(ab)

Alfredo: Oh mio rimorso!
Oh infamia!
Io vissi in tale errore!
Ma il turpe sonno a frangere
Il ver mi balenò.
Per poco in seno acquetati,
O grido dell'onore;
M'avrai securo vindice;
Quest'onta laverò.
Oh mio rossor!
Oh infamia!
Ah sì, quest'onta laverò.

(Esce.)

[1] TV: Anstelle von »non sappia« steht »ignori«.

Ein kurzes Rezitativ, das mit den üblichen Formeln knapp Handlungsabläufe begleitet und unterstreicht. Es zeigt eine glückliche Violetta, die lächelnd und ohne den geringsten Zweifel eine Einladung Floras beiseite schiebt, und die mit Gleichmut einen Händler erwartet, um ihren Besitz zu verkaufen.

Doch dann lassen eigentümlich bedeutungsschwere tiefe Streicherklänge Böses, Entscheidendes ahnen:

(Fortsetzung des Notenbeispiels S. 54)

2. AKT / 1. BILD

Szene und Duett
Violetta und Germont
*Violetta (tritt, mehrere Papiere in
der Hand, ein):*
Wo ist Alfred?
Annina: Nach Paris fuhr er
soeben.
Violetta: Wann kommt er heim?
Annina: Er komme erst am
Abend,
hieß er mich sagen.
Violetta: Wie seltsam!
Josef (überreicht ihr einen Brief):

Ein Brief.
Violetta (setzt sich): Gib her!
Ein Kaufmann wird vielleicht
nach mir heut fragen ...
Laß ihn nicht warten!
*(Annina und Joseph ab; Violetta
öffnet den Brief.)*
Haha! Entdeckte Flora,
wo ich wohne?
Sie lädt mich zum Tanz für
heute abend!
Vergebens wird sie warten ...
*(Sie wirft den Brief auf den
Tisch.)*
Joseph: Ein Herr ist draußen.
Violetta: Sicher der, den ich er-
warte.
*(winkt Joseph, ihn hereinzu-
führen)*
Germont (tritt ein):
Mademoiselle Valéry?

Scena e Duetto
Violetta e Germont
*Violetta (entra con alcune carte,
parlando con Annina):*
Alfredo?
Annina: Per Parigi or or partiva.

Violetta: E tornerà?
Annina: Pria che tramonti il
giorno ...
Dirvel m'impose ...
Violetta: È strano!
*Giuseppe (le presenta una
lettera):*
Per voi ...
Violetta (sedendo): Sta ben.
In breve
Giungerà un uom d'affari ...
entri all'istante.
*(Annina e Giuseppe partono;
Violetta apre la lettera.)*
Ah, ah, scopriva Flora il mio
ritiro! ...
E m'invita a danzar per
questa sera!
Invan m'aspetterà ...
*(Getta il foglio sul tavolino e
siede.)*
Giuseppe: È qui un signore ...
Violetta: Sarà lui che attendo.

*(Accenna a Giuseppe d'intro-
durlo.)*
Germont:
Madamigella Valery?

(16)

Und sofort die heftige Stimme des Eintretenden. Statt des erwarteten Kaufmanns, dessen Erscheinen so gut in die frohe Stimmung Violettas gepaßt hätte – denn alles Vergangene weit hinter sich zu werfen ist ihr Herzenswunsch – steht Alfredos Vater vor ihr: nicht väterlich, nicht einmal freundlich, sondern drohend wie ein Rächer, aufgebracht wie ein zutiefst Verletzter.

Die Schlüsselszene des Werkes beginnt. Sie zeigt Verdi an einem bedeutsamen Wendepunkt seiner Laufbahn: Hier werden innere Vorgänge, psychologische Entwicklungen in Musik umgesetzt und durch völlige Entsprechung noch wesentlich vertieft. Jeder Satz ist deklamatorisch ausdrucksvoll, die Orchesteruntermalung sparsam (so daß jedes Wort verständlich werden kann) und doch genau der Stimmung angepaßt: Da ist die gespannte, leise klopfende Figur der Streicher, während Vater Germont das Papier liest, aus dem ihm klar wird, daß nicht, wie er befürchtete, sein Sohn den Lebensunterhalt der beiden Liebenden bestreitet, sondern daß, im Gegenteil, Violetta zur Opferung ihres gesamten Besitztums bereit ist. Da ist das große Crescendo, das Violettas Eingeständnis ihrer wahren, tiefen Liebe zu Alfredo unterstreicht und zugleich ihre Reue über das frühere Leben; ferner das dichte Tremolo der Streicher, das Violettas aufsteigende Angst vor dem Opfer ausdrückt, das Vater Germont zweifellos von ihr verlangen wird, und viele andere Einzelheiten mehr.

Violetta: Die bin ich.

Germont: In mir sehn Sie den
  Vater Alfreds.

*Violetta (überrascht, bietet ihm
  einen Stuhl an):* Wie?

Germont (setzt sich):
  Ja, dieser Tollkopf eilt in sein
  Verderben,
  nur weil Sie ihn bezaubert.

*Violetta (höchst unwillig, steht
  rasch auf):*
  Das sagen Sie einer Dame
  in ihrem Hause!
  Sie gestatten, daß ich gehe.
  Dieser Ton ist mir fremd.
    (will ab)

Germont: Welch ein Anstand!
  Dennoch ...

Violetta: Sollten Sie sich nicht
  täuschen? ...
    (setzt sich wieder)

Germont: Sein Vermögen will er
  Ihnen opfern ...

Violetta: Das soll er nur
  wagen ...
  ich nähm es nie ...

Germont (umhersehend):
  Doch dieser Aufwand ...

*Violetta (gibt Germont ein
  Schriftstück, das auf dem Tisch
  liegt):*
  Für alle ist dies noch
  Geheimnis ...
  Für Sie sei's keins mehr.

*Germont (überfliegt das Schrift-
  stück):*
  Wie? Ist das möglich?
  Alles, was Sie besitzen,
  wollen Sie jetzt verkaufen?

Violetta: Son io.

Germont: D'Alfredo il padre in
  me vedete!

*Violetta (sorpresa, l'invita a
  sedersi):* Voi!

Germont (sedendo):
  Sì, dell'incauto, che a ruina
  corre,
  Ammaliato da voi.

Violetta (risentita alzandosi):
  Donna son io, signore, ed in
  mia casa;
  Ch'io vi lasci assentite,
  Più per voi che per me.

    (per uscire)

Germont: Quai modi! Pure ...

Violetta: Tratto in error voi foste.

    (Torna a sedere.)

Germont: De' suoi beni
  Egli dono vuol farvi ...

Violetta: Non l'osò finora ...
  Rifiuterei.

Germont (guardando intorno):
  Pur tanto lusso ...

*Violetta (gli dà una carta ch'è sul
  tavolo):*

  A tutti
  È mistero quest'atto ...
  A voi nol sia.

Germont (scorre le carte):

  Ciel! Che discopro!
  D'ogni vostro avere
  Or volete spogliarvi?

Hier formt sich zum ersten Mal in dieser Szene eine zusammen-
hängende Melodie. Germont legt alle seine väterliche Liebe in
eine zärtliche Weise von großem Ausdruck. Wer dieses ergrei-
fende Flehen eine Arie oder wenigstens eine Ariette nennt, hätte
so unrecht nicht:

(Fortsetzung des Notenbeispiels S. 58)

Daß Vergangnes
so schwer auf Ihnen lastet!
Violetta (von Überzeugung er-
füllt):
Jetzt lieb ich Alfred . . .
Und das Vergangne,
ich bin davon erlöst
durch meine tiefe Reue!
Germont (gibt Violetta das Papier
zurück):
Welch eine edle Haltung.
Violetta (legt es wieder auf den
Tisch):
Oh, wie ich Ihnen
für diese Worte danke!
Germont (steht auf): Darf ich von
Ihnen
ein Opfer nun erbitten?
Violetta (steht auf):
Nein, nein, nicht bitten . . .
Denn es wird furchtbar sein,
was Sie verlangen . . .
Ja, ich ahn es, ich fühl es,
ach, ich war viel zu glück-
lich . . .
Germont: Es geht um Schicksal,
um Zukunft,
um das Wohlergehen meiner
beiden Kinder!
Violetta: Beiden Kinder! . . .?
Germont: Ja.
Gott schenkte eine Tochter
mir,
die all mein Glück im Leben.

Ah, il passato perchè,
perchè v'accusa?
Violetta (con entusiasmo):

Più non esiste . . . or amo Al-
fredo, e Dio
Lo cancellò col pentimento
mio.
Germont (restituisce la carta a
Violetta):
Nobili sensi invero!
Violetta (la depone sul tavolo):

Oh, come dolce
Mi suona il vostro accento!
Germont (alzandosi): Ed a tai
sensi
Un sacrifizio chieggo . . .
Violetta (alzandosi):
Ah no, tacete . . .
Terribil cosa chiedereste
certo . . .
Il previdi . . . v'attesi . . . era fe-
lice
Troppo . . .
Germont: D'Alfredo il padre
La sorte, l'avvenir domanda
or qui
De' suoi due figli.
Violetta: Di due figli!
Germont: Sì.
Pura siccome un angelo
Iddio mi die' una figlia;

(17)

Die Unruhe, die sich Violettas bemächtigt, die Angst, zeitweise
(wie sie meint) vom Geliebten getrennt zu werden, drückt sich,
bevor sie noch einsetzt, schon im Orchester aus.
Die Erregung steigert sich nun unaufhörlich, durch Beschleuni-
gung und Crescendo des Orchesters. Man glaubt Violettas jagen-
den Pulsschlag, ihr immer ängstlicher pochendes Herz zu ver-
nehmen – bis zum Aufschrei, zum rasenden Ausbruch ihrer
Verzweiflung: »*Giammai! No, mai!*« (»*Niemals, nein, nie!*«)*, in*
der deutschen Textfassung zumeist: »*Nein, nein! Das nicht!*«
Wie atemlos wirken ihre flehentlichen Bitten:

(Fortsetzung des Notenbeispiels S. 60)

Sie will die Hand zur Ehe
einem edlen Jüngling geben.
Kehrt aber Alfred nicht zurück,
so wird er sie bald meiden,
und ihr ersehntes Liebesglück
verwandelt sich in Leiden.
Soll ihrer Liebe Rosenband
bleichen und schnell vergehn?
Verwandeln Sie's in Dornen
nicht,
erhören Sie mein Flehn!
Verwandeln Sie's in Dornen
nicht,
erhören Sie des Vaters Flehn!

Violetta:
Ich verstehe,
ich soll für ein paar Wochen
von Alfred mich nun
trennen...
ach, wie schmerzlich wird mir
das sein, doch...

Germont: Mehr noch muß ich
fordern...

Violetta (aufstehend):
Himmel! Was soll das heißen?
Ist das zu wenig?

Germont: Mehr verlang ich...

Violetta: Soll ich etwa für ewig
ihm entsagen?

Germont: Es muß sein!

Violetta: Das nicht! Nein, nein!
Das nicht!

Ach, Sie können nicht
ermessen,

Se Alfredo nega riedere
In seno alla famiglia,
L'amato e amante giovine,
Cui sposa andar dovea,
Or si ricusa al vincolo
Che lieti ne rendea...
Deh, non mutate in triboli
Le rose dell'amor.
A' preghi miei resistere
Non voglia il vostro cor.

Violetta:
Ah, comprendo... dovrò per
alcun tempo
Da Alfredo allontanarmi...
doloroso
Fora per me... pur...

Germont: Non è ciò che chiedo.

Violetta (alzandosi):
Cielo, che più cercate?...
offersi assai!

Germont: Pur non basta...

Violetta: Volete che per sempre
A lui rinunzi?

Germont: È d'uopo!...

Violetta: Ah, no... giammai!
No, mai!

Non sapete quale affetto

(18)

Verdis Kunst der Charakterisierung mit geringsten Mitteln erreicht einen neuen Höhepunkt. Das Pianissimo-Klopfen der Streicher in die Atempausen Violettas hinein, dann plötzliche Fortissimoschläge, als bekäme sie keine Luft, als versagten ihr die längst tödlich angegriffenen Lungen den Dienst. Mit letzter Kraft und Verzweiflung stürmt Violetta gegen die undurchdringliche Wand von Germonts Ablehnung:

(19)

was ich fühle, wie ich leide!
Keine Freunde, keine Eltern,
habe niemand mehr auf
Erden!
Doch Ihr Sohn hat mir ge-
schworen,
alles, alles mir zu sein.
Nicht mehr lange muß ich
leiden,
denn mein Leben geht zu
Ende.
Und Sie wollen, daß ich ihn
meide,
daß von Alfred ich mich
trenne?
Ach, ersparen Sie mir Armen
doch aus Mitleid solche
Qualen!
Lieber den Tod, als getrennt
von ihm zu sein!
Ach, dann lieber den Tod, den
Tod!
(Sie sinkt in die Knie.)

Vivo, immenso m'arda in
petto?
Che nè amici, nè parenti
Io non conto tra' viventi?
E che Alfredo m'ha giurato
Che in lui tutto troverò?
Non sapete che colpita
D'atro morbo è la mia vita?
Che già presso il fine vedo?
Ch'io mi separi da Alfredo?

Ah, il supplizio è sì spietato,
Che a morir preferirò.

(Cade in ginocchio)

61

Ihr ganzes Wesen ist nur noch ein einziges Flehen, eine verzehrende Todesangst, ihr Gesang ein einziger, sich mit jeder Note verstärkender Aufschrei, das Orchester von packendem Realismus.

Doch Germont, innerlich ergriffen, aber unerbittlich, zwingt sich zu äußerer Ruhe:

(20)

*Germont (hebt sie auf und führt
sie zum Sofa):*
Es ist ein schweres Opfer,
das ich von Ihnen fordern
muß!
Jugend und Schönheit vergehen bald . . .
wie lange . . .
Violetta: Genug, nicht weiter!
Versteh schon, doch unmöglich ist's . . .
Ich lieb ihn, nur ihn für
immer . . .
Germont: Das glaub ich, doch
des Menschen Sinn ist wan-
delbar.
Violetta (erschüttert): O Himmel!

*Germont (la rialza e la conduce al
divano):*
È grave il sacrifizio,
Ma pur tranquilla uditemi . . .
Bella voi siete e giovine . . .
Col tempo . . .

Violetta: Ah, più non dite . . .
V'intendo . . . m'è impossi-
bile . . .
Lui solo amar vogl'io.

Germont: Sia pure . . .
ma volubile
Sovente è l'uom . . .
Violetta (colpita): Gran Dio!

Der Trost, den Germont versucht, zeigt, daß er Violettas Wand-
lung noch nicht verstanden hat. Sie weist seine Andeutungen
zurück, wieder malt das Orchester ihre steigende Aufregung, mit
der sie jede Rückkehr in ihr früheres Leben von sich weist.
Germont versucht einen Blick in die Zukunft: Was wird aus einer
solchen Verbindung, der die materielle Sicherheit und der himm-
lische Segen fehlen?

(21)

Violettas Einwände werden matt und matter, während zugleich
Germonts Reden und Anklagen an Festigkeit gewinnen.

Germont:
Verging der Traum von
Seligkeit,
das Glück der ersten Tage,
dem Überfluß folgt
Traurigkeit!
Wie wird es dann? Ich frage!
Wer wird dir dann ein
Tröster sein,
wenn Not und Sorgen quälen,
denn Gottes heilger Segens-
spruch
ward niemals diesem Bund
zuteil.
Violetta: Ja wirklich! So ist es!
Germont: Entsage deiner Lei-
denschaft,
dem Traum, der dich betörte!
Violetta: O Himmel, 's ist wahr!
Germont:
Gib meinem Haus den
Frieden,
den es lange entbehrte . . .
Violetta, noch ist Zeit dazu,
bedenke, was du tust!
Bedenk, aus eines Vaters
Mund,
da redet Gott zu dir!

Germont:
Un dì, quando le veneri
Il tempo avrà fugate,
Fia presto il tedio a sorgere . . .
Che sarà allor? . . . pensate . . .
Per voi non avran balsamo
I più soavi affetti!
Poichè dal ciel non furono
Tai nodi benedetti.

Violetta: È vero! È vero!
Germont: Ah, dunque sperdasi
Tal sogno seduttore . . .

Violetta: È vero! È ver!
Germont:
Siate di mia famiglia
L'angel consolatore . . .
Violetta, deh, pensateci,
Ne siete in tempo ancor.
È Dio che ispira, o giovine
Tai detti a un genitor.

Violetta fühlt mit jedem Augenblick stärker, daß ihr die Kräfte schwinden und sie dem Zusammenbruch näherkommt. Wie schmerzlich klingt der Gesang, den sie Germonts langer Rede entgegenhält:

(22)

Ist es ein Zufall, daß der Kopf dieser Melodie dem Beginn des Liebesthemas ähnelt, das nach Moll gewendet erscheint?
Als dann Germonts Anklagen in Bitten um den Frieden seiner Familie übergehen, ist Violettas letzter Widerstand gebrochen. Wie ein Gebet klingt ihr Gesang an Germonts ferne Tochter, die sie nie kennenlernen wird:

(23)

Violetta *(für sich, in größtem Schmerz):*
Weh, für mich Arme ist alles verloren,
ich bin zu ewigem Leide geboren!
Mag mir auch gnädig der Himmel verzeihen,
werden die Menschen Richter doch sein!
's gibt keine Hoffnung,
es gibt kein Glück ...
(weinend) Ach!

Violetta *(da sè, con estremo dolore):*
Così alla misera ch'è un dì caduta,
Di più risorgere speranza è muta!
Se pur benefico le indulga Iddio,
L'uomo implacabile per lei sarà.

(piangendo) Ah!

Wenn Ihre Tochter fragt,
mögen Sie sagen,
für ihres Lebens Glück
will ich entsagen.

Dite alla giovine sì bella e pura
Ch'avvi una vittima della sventura,

67

Nun bricht Vater Germonts mühsam aufrechterhaltene Härte zusammen, seine folgenden Worte versuchen einen Trost:

(24)

Eines der schönsten Verdi-Duette strebt seinem Höhepunkt entgegen.

Nun, da der schwere (wie sich zeigen wird: für Violetta tödliche) Entschluß gefaßt ist, bleibt nur noch die Art seiner Durchführung zu besprechen. Die lyrisch-melodischen Bildungen kehren in den rezitativischeren Tonfall zurück. Eine bewegte Orchesterphrase eint Rede und Gegenrede. Doch Germont beginnt nun immer mehr zu ahnen, wie schwer sich Violettas Schicksal durch diesen Verzicht gestalten wird.

Doch wird ein einz'ger Trost
in all meinem Kummer mir
bleiben:
mein ganzes Glück
bracht als Opfer ich dar
für Ihr Kind, für Ihr Kind!

Germont:
Weine, weine, weine, du armes Kind,
weine, weine, weine, du armes Mädchen.
Ein schweres Opfer sollst du mir bringen;
o, ich erkenne, was ich verlange;
tief in der Seele fühl ich dein Leiden.
Aber du wirst dieses Leid überstehn!
Ja, ich fühl die Qualen,
die es dir bereitet,
dieses Opfer zu bringen,
das ich von dir fordre!
Ich fühl es: du wirst dein Leid überstehn,
ja, du wirst all dein Leid überstehn!

Violetta: Was soll werden?
Germont: Sage ihm, du liebst ihn nicht . . .
Violetta: Das glaubt er nie . . .
Germont: Verlaß ihn . . .
Violetta: Ach, er folgt mir . . .
Germont: Vielleicht . . .
Violetta (wirft sich an seine Brust): Umarmen Sie mich als Ihre Tochter!
Dann werd ich stärker sein.
    (umarmen sich)

Cui resta un unico raggio di
bene . . .
Che a lei il sacrifica e che
morrà!

Germont:
Piangi, piangi, pigani, o misera . . . supremo, il veggo,
È il sacrifizio ch'ora ti chieggo.
Sento nell'anima già le tue pene;
Coraggio . . . e il nobil tuo cor vincerà.

Violetta: Imponete.
Germont: Non amarlo ditegli.

Violetta: Nol crederà.
Germont: Partite.
Violetta: Seguirammi.
Germont: Allor . . .
Violetta (stringendosi al petto di lui): Qual figlia
m'abbracciate . . . forte
Così sarò.
    (S'abbracciano.)

Er sucht nach einem Weg, ihr helfen zu können. Seine Stimme, von starken Orchesterschlägen getragen, erklimmt noch einmal einen dramatischen Höhepunkt.
Da entringt sich Violettas Herzen das Geständnis ihrer unheilbaren Krankheit, ihres baldigen Todes, den vielleicht nur das Glück des liebenden Beisammenseins mit Alfredo hätte hinauszögern können:

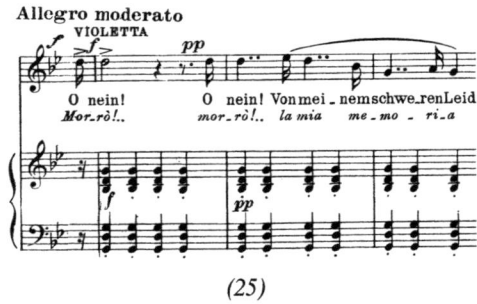

(25)

Dazu klopft das Orchester (Streicher im Pizzicato, dann durch tiefe Bläser verstärkt) einen unerbittlichen Rhythmus, der auch beibehalten wird, als Germont tröstliche Worte sucht.
Wie immer findet Verdi auch hier seine ausdrucksvollsten Melodien für den höchsten Schmerz:

(Fortsetzung des Notenbeispiels S. 72)

Er mag dem Vater folgen,
für Sie will ich entsagen . . .
Doch braucht er Hilfe,
müssen Sie ihn dann trösten.
(Violetta will schreiben.)

Germont: Was beginnst Du?
Violetta: Sie dürfen mich nicht
fragen,
's ist mein Geheimnis . . .
Germont: Keine Sorge!
Doch womit kann ich dir
helfen?
Dein schweres Schicksal,
kann ich es ändern?
Violetta: O nein! o nein!
(Sie erhebt sich)
Von meinem schweren Leid
wird bald mich der Tod er-
lösen;
die Qual, die ich geduldig trug,
von ihr werd ich genesen!
Germont:
Nein, gutes Kind, verzage
nicht!
An Sterben darfst du nicht
denken!
Nach soviel Leid und
Traurigkeit
wird Gott dir nun Ruhe
schenken.
Violetta:
Vom Opfer, das ich brachte,
soll Alfred einst erfahren,

Tra breve ei vi fia reso,
Ma afflitto oltre ogni dire.
A suo conforto
Di colà volerete.
*(Indicandogli il giardino, va per
iscrivere.)*
Germont: Che pensate?
Violetta: Sapendol, v'opporreste
al pensier mio.

Germont: Generosa! . . .
e per voi
che far poss'io?

Violetta: Morrò! . . .
(alzandosi)
La mia memoria
Non fia ch'ei maledica,
Se le mie pene orribili
Vi sia chi almen gli dica.

Germont:
No, generosa, vivere
E lieta voi dovrete,
Mercè di queste lagrime
Dal cielo un giorno avrete;

Violetta:
Conosca il sacrifizio
Ch'io consumai d'amore . . .

(26)

Leidenschaft, Liebe und Todesahnung sind vereint. Germont, der zuerst nur kürzere Einwürfe singt, erhält bald eine echte »zweite Stimme« zu dieser Melodie, zu seinem Kontrapunkt rankt Violettas Melodie sich dann höher und höher und legt noch einmal ihr ganzes, schmerzlich verwundetes Herz in ein typisches Opernduett von betörendem Klang.

Langsam und leise klingt die große Szene aus. Noch einmal singt, nun von Tränen fast erstickt, Violetta die Schmerzensmelodie (Nr. 26), nun ohne Begleitung. Und beide Stimmen (in melodischen Terzen) einen letzten Abschiedsgruß. Dann fällt mit Schlußakkorden rasch das Orchester ein: seltsamerweise im Fortissimo, wo man ein wehmütiges Ausklingen erwartet hätte...

bei ihm wird mein Gedenken
sein, solang mein Herz noch
schlägt.

Che sarà suo fin l'ultimo
Sospiro del mio cor.

Germont:
Für Leiden und Entbehrung
wird dich die Zukunft krönen,
mit deinem Schmerz versöhne
dich des Opfers hoher Wert,
ja, glaub mir!
Für dieses Opfer dank ich dir!
Violetta: Es kommt Besuch . . .
Verzeihung . . .
Germont: Wie kann ich je dir
danken?
Violetta: O gehn Sie!
Wir sehn wohl nie uns
wieder . . .
(Sie umarmen sich.)
Violetta und Germont: Gott mög
Sie/dich beschützen!
Violetta: So gehn Sie!
Germont (an der Tür): Leb wohl!
Violetta (weinend):
Vom Opfer, das ich bringe,
soll Alfred einst erfahren;
(Tränen ersticken ihre Stimme)
bei ihm wird mein Gedenken
sein . . .
So geh'n Sie!
Gehn Sie in Frieden,
in Frieden!

Germont:
Premiato il sacrifizio
Sarà del vostro amore;
D'un'opra così nobile
Sarete fiera allor.

Violetta: Qui giunge alcun! Par-
tite! . . .
Germont: Oh, grato v'è il cor
mio! . . .
Violetta: Partite!
Non ci vedrem più forse . . .

(S'abbracciano.)
Violetta e Germont: Siate fe-
lice . . .
Violetta: Addio.
Germont (è sulla porta): Addio.
Violetta (piangendo):
Conosca il sacrifizio
che consumai d'amore . . .
(il pianto le tronca la parola)
che sarà suo fin l'ultimo . . .
Addio! Felice siate . . .
Addio!

*Unter düsteren tiefen Streicherakkorden setzt Violetta sich an
den Schreibtisch. Trotz der völligen Verschiedenheit der Situation wird man unwillkürlich an das »Miserere« im »Troubadour« erinnert. Violettas Worte sowie das kurze Duett mit
Annina bleiben, fast gesprochen, im Rezitativstil.
Hier muß zur deutschen Übersetzung ein Wort gesagt werden:
Schreibt Violetta wirklich an Douphol, wie hier glauben gemacht
wird? Es wäre zwar denkbar, aber die Originalversion läßt diese
Frage offen, und sicher nicht unabsichtlich.*

*Zum Brief, den Violetta nun an Alfredo entwirft und der ihm
einen unwahren Vorwand für ihr Verlassen mitteilen soll, hat
Verdi eine ergreifende Begleitmusik gefunden: eine Soloklari-
nette bläst, von leisesten Streichern untermalt, eine herzzerrei-
ßende Melodie, – wie ungeheuer einfach ist das und doch wie
wirkungsvoll!*

(27)

74

Germont: Ich gehe! Ich bin dir
dankbar für ewig!
(Er geht durch die Gartentür ab.)

Germont: Addio! felice siate . . .
addio!
(esce per la porta del giardino)

Szene
Violetta
Violetta: Gib du mir Kraft,
o Himmel!
*(setzt sich und schreibt, sie
läutet.)*
Annina (tritt ein):
Sie haben gerufen?
*Violetta (überreicht ihr den
Brief):*
Ja! Zu Baron Douphol bring
diesen Brief hier!
Annina (überrascht):
Oh!
Violetta: 's ist eilig,
sei verschwiegen!
      (Annina ab)
Und nun den Brief an
Alfred . . .
Das ist so schwer.
Wie soll ich es ihm sagen?
(schreibt und siegelt den Brief.)

Scena
Violetta
Violetta: Dammi tu forza,
o cielo!
*(Siede, scrive, poi suona il cam-
panello.)*
Annina (entrando):
Mi richiedeste?
*Violetta (consegnandole la let-
tera):*
Sì, reca tu stessa
Questo foglio . . .
*Annina (guarda la direzione, sor-
presa):* Oh!
Violetta: Silenzio . . .
va all'istante
      (Annina parte.)
Ed or si scriva a lui . . .
Che gli dirò? Chi men darà il
coraggio?

      (Scrive e poi suggella.)

Dann löst die Dramatik rasch wieder den kurzen schmerzlichen Ruhepunkt ab. Verdi gestaltet mit einer neuen, hastig wirkenden Melodie die ungeheure Nervenanspannung Violettas, die Alfredo gegenüber Komödie spielen muß und jeden Augenblick zusammenzubrechen droht.

Wie verzweifelt klingt ihre bange und dabei ganz unmotivierte Frage an Alfredo, ob er sie liebe. Sie läßt ihn nicht zu Worte kommen, da sie vor seiner sich steigernden Besorgnis und vor seinen Fragen Angst hat. Aber sie kann sich von ihm nicht losreißen, verlängert die trostlosen Augenblicke dieses letzten Zusammenseins. Ihre Worte klingen wie heftig hervorgestoßen, abgerissen durch ihre Atemlosigkeit.
Im Orchester hat ein großes Crescendo eingesetzt, jagende Triller drücken Violettas verzweifelten Seelenzustand aus. Ihre

Alfred (tritt ein): Was machst du?	*Alfredo (entrando):* Che fai?
Violetta (den Brief versteckend): Gar nichts ...	*Violetta (nascondendo la lettera):* Nulla.
Alfred: Du schreibst ja!	*Alfredo:* Scrivevi?
Violetta (verwirrt): Ja ... Nein ...	*Violetta (confusa):* Sì ... no ...
Alfred: Willst du nicht sagen, an wen du schriebest?	*Alfredo:* Qual turbamento! ... a chi scrivevi?
Violetta: An dich.	*Violetta:* A te ...
Alfred: Laß mich es lesen	*Alfredo:* Dammi quel foglio.
Violetta: Bitte später.	*Violetta:* No, per ora ...
Alfred: Ach, vergib mir, ich bin in großer Sorge!	*Alfredo:* Mi perdona ... son io preoccupato.
Violetta (steht auf): Was ist?	*Violetta (alzandosi):* Che fu?
Alfred: Bald kommt mein Vater!	*Alfredo:* Giunse mio padre ...
Violetta: Ach, du sahst ihn?	*Violetta:* Lo vedesti?

Alfred:

Nein, nein! Doch einen Brief
hat er geschrieben.
Mag er nur kommen!
Sieht er dich, muß er dich
lieben.

Alfredo:

Ah no: severo scritto mi la-
sciava ...
Però l'attendo, t'amerà in vederti.

Violetta (erregt):

Mich darf er hier nicht finden.
Doch du wirst ihn empfangen
und beruhigen ...
Zu seinen Füßen will ich flehn,
(unter Tränen)
will unsre Liebe ihm gestehn.
Er wird verzeihen, wir werden
glücklich,
denn du, du liebst mich,
du liebst mich,
mein Alfred, du liebst mich,
ach mein Alfred,
du liebst mich,
mein Alfred, du liebst mich,
du liebst mich, o mein Alfred?

Violetta (agitata):

Ch'ei qui non mi sorprenda ...
Lascia che m'allontani ... tu lo
calma ...
Ai piedi suoi mi getterò
(male frenando il pianto)
divisi
Ei più non ne vorrà ... sarem
felici ...
Perchè tu m'ami, Alfredo,
non è vero?

*Worte zeugen von mühsamer äußerer Beherrschung, während
das Orchester ihre grenzenlose innere Erregung malt. Dieses
beharrt, plötzlich wieder im Piano, auf dem immer gleichen
klopfenden Ton, auf leisen Harmonien, während mit schneiden-
den Akzenten Violen und Violoncelli eine wehklagende Phrase
wie einen tiefen Seufzer anstimmen, – einmal, zweimal, ein
drittes Mal –, und dann ergreift es wie ein Sturm das Orchester
und führt es zum gewaltigen Ausbruch, der in der Liebesmelodie
(in der gesungenen Form von Nr. 2) gipfelt:*

(28)

*Ein unvergeßlicher Augenblick in der Opernliteratur; einer von
jenen, die Möglichkeiten des Genres über das Sprechtheater
hinaus aufzeigen und unwiderleglich dokumentieren.*

Alfred: Unendlich! . . .
  Warum weinst du?
Violetta:
  Erlösend sind für mich die
  Tränen!
  Jetzt bin ich ruhig . . .
  Du siehst es . . .
  wie ich lächle . . . du siehst es!
      (sich bezwingend)
  Jetzt bin ich ruhig, und ich
  lächle.
  Laß mich gehn dort zu den
  Blumen,
  dann bleib ich bei dir,
  immer, immer nur bei dir.
  (sehr leidenschaftlich)
  Ach, mein Geliebter, lieb
  mich,
  wie ich dich liebe!
  Ach, bleib der Meine,
  so wie ewig ich die Deine . . .
  Leb wohl, leb wohl!
      (ab in den Garten)

Alfredo: Oh, quanto . . .
  Perchè piangi?
Violetta:
  Di lagrime avea d'uopo . . . or
  son tranquilla . . .
  Lo vedi? . . . ti sorrido . . .

      (sforzandosi)
  or son tranquilla . . .
  ti sorrido . . .
  Sarò là, tra quei fior presso a te
  sempre.

  (con passione e forza)
  Amami, Alfredo, quant'io t'a-
  mo . . . Addio.

      (Corre in giardino.)

Nun kommt es lange zu keiner Melodiebildung mehr. Die Ereignisse überstürzen sich, und das Orchester untermalt sie mit mehr oder weniger üblichen Phrasen. Viele Stellen sind auch, der deutlichen Verständlichkeit wegen, gänzlich ausgespart, die Singstimme ist in reinem Rezitativstil gehalten.

Szene und Arie
Germont

Alfred:
Ach, welch getreue Liebe in
diesem Herzen!
*(setzt sich und schlägt ein Buch
auf)*
So spät schon. Mir scheint,
der Vater
wird heute nicht mehr
kommen.
Josef (tritt bestürzt ein):
Madame verließ das Haus.
Eine fremde Kalesche . . .
sie fuhr mit ihr in der Richtung
nach Paris.
Und auch Annina ist nicht
mehr im Hause.
Alfred: Ich weiß . . . ich danke . . .
Joseph: Was geht da vor?
(ab)
Alfred:
Ihr Letztes zu verkaufen,
will sie vielleicht beschleu-
nigen?
Doch Annina, sie weiß Be-
scheid . . .
*(Man sieht den Vater von weitem
durch den Garten kommen.)*
Ich höre jemand kommen!
Wer ist da?
(will ab)
Ein Bote (an der Tür):
Sind Sie Herr Germont?
Alfred: Der bin ich.
Der Bote: Eine Dame im Wagen
gab mir, nicht weit
vom Hause, für Sie dieses
Schreiben.

Scena ed Aria
Germont

Alfredo:
Ah, vive sol quel core all'amor
mio! . . .
(Siede, apre un libro)
È tardi; ed oggi forse
Più non verrà mio padre.

Giuseppe (entra frettoloso):
La signora è partita . . .
L'attendeva un calesse, e sulla
via
Già corre di Parigi . . . Annina
pure
Prima di lei spariva.
Alfredo: Io so, ti calma.
Giuseppe: Che vuol dir ciò?
(Parte.)
Alfredo:
Va forse d'ogni avere
Ad affrettar la perdita . . .
Ma Annina
Lo impedirà.

*(Si vede il padre attraversare da
lontano il giardino.)*
Qualcuno è nel giardino!
Chi è là? . . .
(per uscire)
Commissionario (sulla porta):
Il signor Germont?
Alfredo: Son io.
Commissionario: Una dama
Da un cocchio, per voi, di qua
non lunge,
Mi diede questo scritto . . .

Vater Germont setzt noch in den Aufruhr des Orchesters ein, der bei Alfredos Lektüre des Briefes begann und der jetzt nur langsam abschwillt.
Dann ertönen die so berühmt gewordenen Takte, die als Orchestervorspiel die Arienmelodie, hier von Holzbläsern angestimmt, vorausnehmen. Die Arie gehört zu Verdis meistgesungenen Glanzstücken:

Andante piuttosto mosso

GERMONT

Zieht die Sehnsucht dich nicht mehr in dein Vater_haus zurück, zieht die
Di Pro _ ven_za il mar, il suol chi dal cor ti cancel_lò? chi dal

(Fortsetzung des Notenbeispiels S. 84)

82

*(gibt Alfred einen Brief und ent-
fernt sich dann.)*
Alfred: Von Violetta!
  Warum wird mir so bange?
*(Germont kommt leise durch die
    Mitteltür.)*
  Vielleicht wünscht sie,
  daß ich sogleich ihr folge . . .
  Vielleicht auch . . . Doch
  nein . . . Will sehen!
   (öffnet den Brief und liest)
  »Alfred, ich konnte dem
  Drängen von Douphol . . .«
    (Aufschrei)
  Ach!
*(dreht sich um, erblickt seinen
Vater und wirft sich in dessen
   . Arme.)*
  O mein Vater!
Germont: Mein Alfred!
  Wie mußt du leiden!
  Trockne die Tränen,
  kehr heim zu deinem Vater,
  der sehnsüchtig wartet!
*(Alfred setzt sich verzweifelt an
den Tisch und vergräbt sein Ge-
  sicht in den Händen.)*

  Zieht die Sehnsucht dich
  nicht mehr
  in dein Vaterhaus zurück,
  in das Land, das dir geschenkt
  froher Jugend reines Glück?
  Glaubst du nicht,
  daß dort vergeht
  alles Leid, das dich betrübt,
  wo der Frieden dich umfängt,
  dir die Ruhe wiedergibt?
  O komm, mein Sohn, o komm,

*(Dà una lettera ad Alfredo, riceve
   una moneta e parte.)*
Alfredo: Di Violetta!
  Perchè son io commosso! . . .
*(Germont viene in silenzio dalla
   porta di mezzo.)*
  A raggiungerla forse ella m'in-
  vita . . .
  Io tremo! . . . Oh ciel! . . . Co-
  raggio! . . .
   (Apre la lettera e legge.)
  »Alfredo, al giungervi di que-
  sto foglio . . .«
    (un grido)
  Ah! . . .
*(Si volge e si trova nelle braccia
   del padre.)*

  Padre mio! . . .
Germont: Mio figlio! . . .
  Oh, quanto soffri! . . . Oh,
  tergi il pianto . . .
  Ritorna di tuo padre
  orgoglio e vanto.
*(Alfredo disperato siede presso il
  tavolino col volto fra le mani.)*

  Di Provenza il mar, il suol
  chi dal cor ti cancellò?
  Al natio fulgente sol
  qual destino ti furò?
  Oh, rammenta pur nel duol
  ch'ivi gioia a te brillò;
  E che pace colà sol
  su te splendere ancor può.
  Dio mi guidò!

(29)

Verdi hat für sie die Form eines Strophenliedes gewählt und an den Schluß der zweiten Strophe eine Kadenz gesetzt – einer der letzten Reste des sängerischen Virtuosentums, das mit Verdi in seiner alten Form zu Ende gehen wird.

So stark die Wirkung der väterlichen Ermahnung auf das Publikum auch sein mag, Alfredo zeigt sich ungerührt. Sein von Verzweiflung zerrissenes Herz denkt nur an Violetta. Vergebens versucht der Vater, ihn mit sich heimzunehmen. Er stürzt davon, zum Fest Floras, deren Einladung er auf dem Tisch gefunden hat.

mein Sohn,
o komm nach Haus!

Fühlst du nicht, welch herben
Schmerz
du dem Vater angetan?
Sagt dir nicht das eigne Herz,
daß du nicht auf rechter Bahn?
Doch die Hoffnung lebt in mir,
du erkennst, was du getan!
Löst sich endlich dann von dir
dieser heißen Liebe Wahn,
ja, dann hat Gott mein Flehn
erhört,
mein Flehn erhört!

(Er sucht, Alfred aufzurichten.)
Nicht ein Wort für die Sorge
des Vaters?
Alfred: Wenn du wüßtest, was du
von mir verlangst!
(den Vater zurückdrängend)
Geh, verlaß mich!
Germont: Dich verlassen?
Alfred (entschlossen):
Auf zur Rache!
Germont: Ohne Zögern,
komm mit mir!
Beeil dich!
Alfred: Douphol ist schuld!
Germont: Nun geh mit mir!
Alfred: Nein!
Germont:
War vergeblich mein ganzes
Bemühn?
Ich mach dir keinen Vorwurf
mehr,
Vergangnes sei vergeben;

Ah! Il tuo vecchio genitor
tu non sai quanto soffrì . . .
Te lontano, di squallor
il suo tetto si coprì . . .
Ma se alfin ti trovo ancor,
se in me speme non fallì,
Se la voce dell'onor
in te appien non ammutì,
Dio m'esaudì!

(scuotendo Alfredo)
Nè rispondi d'un padre
all'affetto?
Alfredo: Mille serpi divoranmi il
petto . . .
(respingendo il padre)
Mi lasciate.
Germont: Lasciarti!
Alfredo (risoluto):
Oh vendetta!
Germont: Non più indugi;
partiamo . . .
t'affretta . . .
Alfredo: Ah, fu Douphol!
Germont: M'ascolti tu?
Alfredo: No.
Germont:
Dunque invano trovato t'avrò!

No, non udrai rimproveri;
Copriam d'oblio il passato;

laß ab von diesem Leben
und hör, was ich dir sag!
Die Schwester und der Vater
haben viel um dich gelitten,
o laß nicht lang dich bitten,
erhöre unser Flehn.
Des Wiedersehens Freude
tönt dir von fern entgegen,
dir winket Gottes Segen,
drum komm zu uns nach Haus!
Ich mach dir keinen Vorwurf
mehr,
Vergangnes sei vergeben,
wir werden alles, ja alles dir
verzeihn.
Die Schwester und der Vater,
sie wissen dich zu trösten,
die Schwester, der Vater, sie
geben dir Trost!
Hör unser Flehen! Komm
nach Haus!
O hör mein Flehen! Komm
nach Haus!
Alfred: Wenn du wüßtest, was du
von mir forderst!
Germont: Nun komm mit mir!
Alfred: Nein!
*(entdeckt Floras Brief auf dem
Tische und überfliegt ihn)*

Ha! Sie ist bei Flora.
Büßen soll sie mir für den
Verrat!
*(Er stürzt hinaus, sein Vater folgt
ihm.)*
Germont: So hör doch,
so hör doch!

L'amor che m'ha guidato,
Sa tutto perdonar.
Vieni, i tuoi cari in giubilo
Con me rivedi ancora:
A chi penò finora
Tal gioia non negar.
Un padre ed una suora
T'affretta a consolare.

Alfredo: Mille serpi divoranmi il
petto . . .
Germont: M'ascolti tu?
Alfredo: No.
*(Scuotendosi, vede sulla tavola la
lettera di Flora, la scorre ed es-
clama)*
Ah! . . . ell'è alla festa! volisi
L'offesa a vendicar.

*(Fugge precipitosamente insegui-
to dal padre.)*
Germont: Che dici?
Ah, ferma!

Zu diesem Fest der »demimonde«, der Halbwelt, führt uns das
nächste Bild, das Verdi als »Finale« des zweiten Akts bezeichnet
hat. Die Gesellschaft ist annähernd die gleiche wie im ersten Akt
beim Fest im Hause Violettas: der Marquis, Dr. Grenvil und
viele andere elegante Herren und Damen sind anwesend, andere
werden noch erwartet.
Wie anders klingt hier die sofort einsetzende Musik im Vergleich
zum vorherigen Bild! Nun haben wieder äußerer Glanz, Frivoli-
tät, übermütige Ausgelassenheit, Spiele um Geld und Liebe die
Oberhand. Das Orchester funkelt und sprüht, die Konversation
bewegt sich im Rahmen solcher Lustbarkeiten.

(30)

Der Hörer sollte der Logik des vorhergegangenen und dieses
Bildes nicht zu genau nachgehen. Schon im vorigen war die
Zeitfolge der Ereignisse ein wenig zu »gerafft« – um sie in den
Ablauf eines Bildes einbetten zu können –, und hier wird dies fast
noch klarer. Woher weiß der Marquis vom Bruch zwischen den
Liebenden, der doch erst wenige Stunden vorher und in einiger
Entfernung von Paris stattfand? Immerhin: Douphol könnte die
Neuigkeit dem Marquis erzählt haben, als er Violettas Brief –
ebenfalls erst vor wenigen Stunden – erhielt. In diesem Fall aber
würde er seinen Satz an die umstehenden Gäste kaum mit den

ZWEITES BILD

Zweites Finale

Im Hause Floras.

Reich dekorierter, festlich erleuchteter Ballsaal; offne Mitteltür, die nach einem andern Saale führt; Seitentüren. Rechts vorn ein Spieltisch, links eine Tafel mit Blumen und Erfrischungen, verschiedene Sitzgelegenheiten und ein Divan.

(Flora, der Marquis, der Doktor und andere Gäste im Gespräch von links.)

Flora:

Spiel und Scherz sollen uns die Nacht vertreiben,
der Graf hat es versprochen . . .
Ich erwarte Violetta und Alfred heut abend . . .

SCENA SECONDA

Finale Secondo

Galleria nel palazzo di Flora. Riccamente addobbata ed illuminata. Una porta nel fondo e due laterali. A destra, più avanti, un tavoliere con quanto occorre pel giuoco; a sinistra, ricco tavolino con fiori e rinfreschi, varie sedie e un divano.

(Flora, il Marchese, il Dottore ed altri invitati entrano dalla sinistra discorrendo fra loro.)

Flora:

Avrem lieta di maschere la notte:
N'è duce il viscontino . . .
Violetta ed Alfredo anco invitai.

Worten beginnen: »La novità ignorate?« (Wißt Ihr denn die Neuigkeit noch nicht?).

Das Gespräch wird unterbrochen durch den Aufzug der bestellten Kostümgruppen; Zigeunermädchen eröffnen den Tanz:

Marquis:
  Haben Sie nicht erfahren:
  's ist aus zwischen ihm und
  Violetta?
Flora und Doktor: Nicht möglich!
Marquis: Sie kommt heut zum
  Fest mit Douphol!
Doktor:
  Noch gestern sah ich sie,
  ich hielt sie für glücklich.
      (Lärm rechts)
Flora: Ich bitte um Ruhe!
*Flora, Doktor u. Marquis (gehen
  nach rechts):*
  Da sind schon die Masken
*Zigeunerinnen (Ballgäste als Zi-
  geunerinnen verkleidet, mit
  Tambourins):*

  Wir sind Zigeunermädchen
  aus fernen, heißen Landen;
  Wir deuten aus den Händen,
  was Euch die Zukunft bringt.
  Die Sterne hoch am
  Himmelszelt
  vertraun uns alles an,
  was jedem noch begegnen
  wird
  auf seiner Lebensbahn!
  Wir prophezein die Zukunft
  und sind rasch wieder fort.
Ein Teil des Chores:
  Gestatten?
*(zu Flora, ihre Hand betrach-
      tend)*
  Ihr Galan betrügt sie oft mit
  andern Frauen!

Marchese:
  La novità ignorate?
  Violetta e Germont sono dis-
  giunti.
Flora e Dottore: Fia vero? . . .
Marchese: Ella verrà qui col
  barone.
Dottore:
  Li vidi ieri ancor . . .
  parean felici.
      (S'ode rumore a destra.)
Flora: Silenzio . . . udite? . . .
*Flora, Dottore e Marchese (van-
  no verso la destra):*
  Giungono gli amici.
*Zingarelle: (una parte di queste
  terrà in mano una bacchetta,
  l'altra parte un tamburello da
  percuotere a tempo):*
  Noi siamo zingarelle
  Venute da lontano;
  D'ognuno sulla mano
  Leggiamo l'avvenir.
  Se consultiam le stelle
  Null'avvi a noi d'oscuro,
  E i casi del futuro
  Possiamo altrui predir.

Una parte del Coro:
  Vediamo!
  (osservando la mano di Flora)

  Voi, signora, rivali alquante
  avete.

91

Es ist eine der damals in jeder Oper selbstverständlichen Ballett-szenen, die selbst in Verdis Opern nicht immer von höchster musikalischer Originalität sind. Das Stück ist zweiteilig: ein Moll-Teil und ein Dur-Teil. Dann ein kurzes Zwischenspiel mit persönlichen Dialogen, die unbedeutend für die Handlung sind (Wahrsagen der Zigeunerinnen, Sticheleien zwischen Flora und dem Marquis), und Wiederkehr der Ballettmusik.

Andere (zum Marquis, seine
   Hand betrachtend):
   Und Sie, Marquis, Sie neh-
   men's mit der Treue nicht
   genau.
Flora (zum Marquis):
   Was muß ich da erfahren?
   Sie haben mich betrogen!
Marquis (zu Flora):
   Das ist doch nur gelogen
   und albernes Geschwätz!
Flora:
   Sie können viel erzählen,
   der Fuchs läßt nicht vom
   Stehlen!
   Wer Ihren Worten glaubte,
   der wird es bald bereun.
Doktor und Zigeunerinnen:
   Ach, laßt Vergangnes ruhen,
   bedeckt's mit mildem Schleier:
   geschehen ist geschehen!
   So gebt in Zukunft acht!
Alle: Ja deckt, was längst ver-
   gangen,
   mit mildem Schleier zu.
   Geschehen ist geschehen!
   So gebt in Zukunft acht!
(Flora und Marquis drücken ein-
   ander die Hand.)
(Gaston und Gäste als Stierfech-
   ter verkleidet.)

Gaston und Chor der Stierfechter:
   In Madrid sind wir alle
   geboren,
   zu dem Kampf mit dem Stiere
   erkoren;
   und wir kamen, den Ochsen zu
   ehren,

Seconda parte del Coro (osser-
   vando la mano del Marchese):
   Marchese, voi non siete
   Model di fedeltà.
Flora (al Marchese):
   Fate il galante ancora?
   Ben, vo' me la paghiate . . .
Marchese (a Flora):
   Che diamin vi pensate? . . .
   L'accusa è falsità.
Flora:
   La volpe lascia il pelo,
   Non abbandona il vizio . . .
   Marchese mio, giudizio . . .
   O vi farò pentir.

Dottore e Zingarelle:
   Su via, si stenda un velo
   Sui fatti del passato;
   Già quel ch'è stato è stato,
   Badate all'avvenir.
Tutti: Su via, si stenda un velo
   Sui fatti del passato;
   Già quel ch'è stato è stato,
   Badate/badiamo all'avvenir.

(Flora ed il Marchese si stringono
   la mano.)
(Gastone ed altri mascherati da
   Mattadori e Piccadori spagnuoli,
   entrano vivacemente dalla destra.)
Gastone e Coro di Mattadori:
   Di Madride noi siam matta-
   dori,
   Siamo i prodi del circo dei tori,
   Testè giunti a godere del
   chiasso

Die zweite Balletteinlage stellt ein Stierkämpferbild dar, ohne – wie im 19. Jahrhundert üblich – wörtlich spanische Folklore zu zitieren. Sie zerfällt in zwei Teile, einen gewissermaßen marschartigen Aufzug der Teilnehmer und den eigentlichen Tanz im raschen Dreiachteltakt, in dem es einige hispanisierende Wendungen gibt. Man könnte ihn rein bewegungsmäßig als spanische Jota bezeichnen, aber es gibt ähnliche Rhythmen auch in anderen (vor allem südlichen) Teilen Europas.

seinen Ruhm hier im Karneval
zu mehren!
Denn wir hoffen, es mög uns
gelingen,
Ihnen eine Kanzone zu singen!

Flora, Doktor, Marquis und Da-
menchor:
Ja, erzählt uns von Kämpfen
und Siegen,
und wir lauschen mit Ver-
gnügen.

Gaston und Chor der Stierfechter:
Wir beginnen!

Don Piquillo war ein Fechter,
in ganz Spanien wohlbekannt;
und mit seinen starken Armen
siegte er im ganzen Land.
Doch ein andalusisch
Mädchen
ging Piquillo nicht aus
dem Sinn:
Aber ach, die stolze Schöne
warf mit Hohn die Worte hin:
Wenn fünf Stiere du erlegen
kannst an einem einz'gen Tag,
komm ich willig dir entgegen,
wie es dir gefallen mag.
Ja, sprach er, ich bring die
Stiere,
(Die Lanzenträger stoßen die
Lanzen im Takt auf die Erde.)
und zum Kampfplatz
zog er fort;
fünf der allerstärksten Tiere
fällte seine Lanze dort.

Flora, Doktor, Marquis und Da-
menchor:
Bravo, bravo, Don Piquillo,

Che a Parigi si fa pel Bue
grasso;
E una storia, se udire vorrete,
Quali amanti noi siamo sa-
prete.

Flora, Dottore, Marchese e Coro
delle Donne:
Sì, sì, bravi; narrate, narrate:
Con piacere l'udremo . . .

Gastone e Coro di Mattadori:
Ascoltate.

È Piquillo un bel gagliardo
Biscaglino mattador;
Forte il braccio, fiero il
guardo,
Delle giostre egli è signor.
D'andalusa giovinetta
Follemente innamorò;
Ma la bella ritrosetta
Così al giovane parlò:
Cinque tori in un sol giorno
Vo' vederti ad atterrar;
E, se vinci al tuo ritorno
Mano e cor ti vo' donar.
Sì, le disse, e il mattadore,

(I Piccadori batteranno contro
terra le loro picche a tempo.)
Alle giostre mosse il pie';
Cinque tori, vincitore,
Sull'arena egli stendè.

Flora, Dottore, Marchese e Coro
delle Donne:
Bravo, bravo il mattadore,

Nach diesen bunten und fröhlichen Tanzeinlagen kann das Drama seinen Fortgang nehmen. In die laute und gutgelaunte Runde, die sich soeben in verschiedene Richtungen aufzulösen beginnt – mehrere Herren nehmen an Spieltischen Platz, andere unterhalten sich in zwangloser Form –, tritt nun Alfredo. Fragen nach Violetta beantwortet er kurz und schneidend: er wisse nichts von ihr.

eine Tat, die mir gefällt!
Sie beweist die Liebe echter
als ein Schwur, den doch keiner hält!

Gaston und Chor der Stierfechter:
Mit dem Lorbeerkranz des
Siegers
kam Piquillo dann zurück,
und empfing von ihr zum
Lohne
das ersehnte Liebesglück.

*Flora, Doktor, Marquis und Da-
menchor:*
Ja, wenn einer so kann
werben,
fliegen ihm die Herzen zu.

Gaston und Chor der Stierfechter:
Doch auch ohne Stiergefechte
finden wir das Glück im Nu!

*(Die Zigeunerinnen schlagen das
Tambourin, die Lanzenträger
stossen die Lanzen auf die Erde.)*

Alle: Ja, nun mag das Spiel
beginnen,
und wir räumen ihm das Feld.
Wir verlieren und gewinnen,
wie Fortuna es gefällt.

*(Die Gäste nehmen nach dem
Chor die Masken ab; einige setzen
sich an die Spieltische, andere
wieder promenieren im Saal und
unterhalten sich mit den Damen.)*
(Alfred tritt ein.)

Alle: Alfred, Sie!
Alfred: Ja, ihr Freunde!
Flora: Violetta?
Alfred (kurz): Fragt doch sie!

Ben gagliardo si mostrò,
Se alla giovane l'amore
In tal guisa egli provò.

Gastone e Coro di Mattadori:
Poi, tra plausi, ritornato
Alla bella del suo cor,
Colse il premio desiato
Tra le braccia dell'amor.

*Flora, Dottore, Marchese e Coro
delle Donne:*
Con tai prove i mattadori
San le belle conquistar!

Gastone e Coro di Mattadori:
Ma qui son più miti i cori;
A noi basta folleggiar . . .

*(Le Zingarelle percuoteranno il
tamburello, i Piccadori batteranno le picche in terra.)*

Tutti: Sì, allegri . . . Or pria ten-
tiamo
Della sorte il vario umor;
La palestra dischiudiamo
Agli audaci giuocator.

*(Gli uomini si tolgono la masche-
ra, chi passeggia e chi si accinge a
giocare.)*

(Entra Alfredo.)
Tutti: Alfredo! . . . Voi! . . .
Alfredo: Sì, amici . . .
Flora: Violetta?
Alfredo (secco): Non ne so.

*Das Orchester, das diese Szene mit unverbindlicher Konversa-
tionsmusik begann, strafft sich hörbar, als Alfredo, der seine
Unruhe zu verbergen sucht, mit den Blicken vergebens nach
Violetta Ausschau hält und sich schließlich an einem Spieltisch
niederläßt, von dem aus er den Saal überblicken kann. Er nimmt
am Spiel teil, das Orchester begleitet mit einer neuen Phrase im
äußersten Pianissimo; Spannung scheint darin zu liegen:*

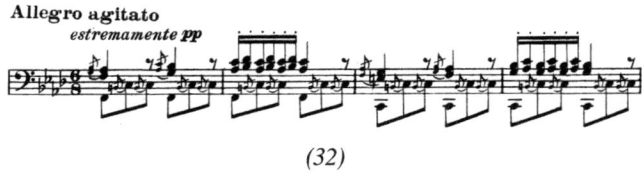

(32)

*Aus der sich neuerlich öffnenden Tür treten Violetta und der
Baron Douphol. Sie werden von Flora begrüßt und in den Saal
geleitet. Das Orchester verharrt in der murmelnden Begleitung,
zu der Violetta und ihr Begleiter einige wenige, aber bedeutungsvolle Worte wechseln: Der Baron verbietet Violetta, mit Alfredo,
den sie und der auch sie gesehen haben muß, ein Wort zu
wechseln.*

*Violetta, in höchster Erregung, singt eine weitgeschwungene,
melodische Phrase, in der ihr Leid und Schmerz zum Ausdruck
kommen:*

(Fortsetzung des Notenbeispiels S. 100)

Alle (ohne Alfred):
  Gar nicht verlegen! Bravo!
  Wohlan, so kommt zum Spiel!

Tutti (senza Alfredo):
  Ben disinvolto! . . . Bravo! . . .
  Or via, giocar si può.

(Man·setzt sich an den Spieltisch.
  Gaston hält die Bank, Alfred und
    die anderen setzen.)
(Violetta tritt am Arm von Baron
Douphol ein; Flora geht ihnen
    entgegen.)
Flora: Schön, daß du auch
  gekommen.
Violetta: Du hast so lieb
  geschrieben.
Flora (zu Douphol): Herzlichen
  Dank auch Ihnen,
  daß Sie die Ehre mir geben.
Baron (leise zu Violetta): Ger-
  mont ist hier . . .
  dort am Tische!
Violetta (für sich): Er ist es
  wirklich.
(leise zum Baron) Ich seh ihn.
Baron (finster):
  Und Sie: nicht eine Silbe
  mit diesem Herrn da
  drüben . . .
  Keine Silbe, keine Silbe . . .!
Violetta (für sich):
  Warum bin ich nur ge-
  kommen?

(Gastone si pone a tagliare, Alfre-
    do ed altri puntano.)
(Entra Violetta a braccio del
Barone. Flora va loro incontro.)

Flora: Qui desiata giungi.

Violetta: Cessi al cortese invito.

Flora (al Barone): Grata vi son,
  barone, d'averlo pur gradito.

Barone (piano a Violetta): Germont è qui!
  Il vedete!
Violetta (fra sè): Cielo! . . .
  gli è vero
(piano al Barone) Il vedo.
Barone (cupo):
  Da voi non un sol detto si volga
  a questo Alfredo . . .
  non un detto, non un detto!

Violetta (da sè):
  Ah, perchè venni, incauta!

(33)

Der gefährliche Augenblick wird überbrückt: der Marquis zieht
Douphol ins Gespräch, um ihn abzulenken, und Flora nötigt
Violetta auf ein etwas entfernter stehendes Sofa und zeigt sich
neugierig zu erfahren, was ihre Freundin ihr zu erzählen hat.
Das Konversationsmotiv, das unüberhörbar ein drohendes Ele-
ment enthält (Nr. 32), untermalt nun wieder das in mehrere
Gruppen aufgespaltene Geschehen auf der Bühne. Das Ge-
spräch der Frauen wird vom lauter werdenden Lärm am Spiel-
tisch übertönt. Alfredo gewinnt unaufhörlich und kommentiert
es bitter: wer Glück im Spiel habe, der sei unglücklich in der
Liebe. Doch er werde die zurückholen, die ihn verließ, so
verkündet er laut.

O, steh mir bei, Himmel,
in meiner Not!

Pietà gran Dio di me!

*(Flora lädt Violetta ein, sich zu ihr
auf das Sofa zu setzen. Der Arzt
spricht mit beiden, während der
Marquis sich mit dem Baron unterhält. Am Tisch wird gespielt,
andere promenieren.)*
Flora: Komm, setz dich zu mir,
sage doch:
was ist denn nur geschehen?
*(Flora und Violetta sprechen leise
miteinander.)*
Alfred: Ein Vierer!
Gaston: Wieder gewonnen!
Alfred: Ja, Unglück in der Liebe
bringt Glück dafür im Spiele.
(setzt und gewinnt.)
Gaston, Marquis und Chor:
Ja, er gewann schon wieder!
Alfred:
Mir ist Fortuna gnädig;
und reich mit Gold versehen,
werde ich auf dem Lande
die Einsamkeit genießen.
Flora (zu Alfred): Allein?

*(Flora fa sedere Violetta presso di
sè sul divano. Il Dottore si avvicina ad esse. Il Marchese si trattiene
a parte col Barone, Gastone ta-
glia, Alfredo ed altri puntano, altri passeggiano.)*
Flora: Meco t'assidi; narrami . . .
quai novità vegg'io?

*(Flora e Violetta parlano fra
loro.)*
Alfredo: Un quattro!
Gastone: Ancora hai vinto!
Alfredo: Sfortuna nell'amore
Fortuna reca al gioco! . . .[1]
(Punta e vince.)
Gastone, Marchese e Coro:
È sempre vincitore! . . .
Alfredo:
Oh, vincerò stasera; e l'oro
guadagnato
Poscia a goder tra' campi ritor-
nerò beato.
Flora (ad Alfredo): Solo?

---

[1] TV: Dieser Vers lautet auch: »Vale fortuna al
gioco«!

101

Gaston bittet ihn leise um Schonung für Violetta, der Baron nähert sich drohend, fordert Alfredo zum Spiele heraus.

Violetta wird von düsteren Vorahnungen gequält; wieder steigt ihre Kantilene (Nr. 33) aus dem bis dahin murmelnd bewegten Orchester.

Das Duell am Spieltisch beginnt. Das Konversationsmotiv im Orchester (Nr. 32) scheint dichter, gespannter zu werden, obwohl es immer weiter im Pianissimo verläuft und damit so etwas wie knisternde Unruhe und Nervosität verbreitet. Alfredo gewinnt pausenlos weiter.

Alfred:
  Nein, nein, mit jener,
  die lang mit mir gelebt,
  doch heut mich verlassen . . .
Violetta: O Himmel!
Gaston (zu Alfred):
  Hör auf damit!
*Baron (zu Alfred mit schlecht ver-
  hehltem Zorn):* Mein Herr!
Violetta (leise zum Baron):
  O schweigen Sie,
  sonst geh ich!
Alfred (unbefangen): Was
  wünschten Sie zu sagen?
Baron (ironisch):
  Daß Sie heut stets gewinnen,
  verlockt auch mich zum
  Spiele!
Alfred (ironisch): Das ist mir ein
  Vergnügen!
Violetta (für sich): Ich fühle mich
  vor Scham vergehen!
  O steh mir bei, Himmel, in
  meiner Not!
Baron (setzt): Hundert auf diese
  Karte!
Alfred (setzt): Und ich auf diese
  hundert!
Gaston (zieht): Ein Aß! Ein
  Bube!
(zu Alfred) Gewonnen!
Baron: Verdopple!
Alfred: Nun gut! Verdoppelt!
Gaston (zieht): Ein Vierer,
  ein Fünfer!
Doktor, Marquis und Chor:
  Schon wieder!
Alfred: Wieder hab ich ge-
  wonnen!

Alfredo:
  No, no, con tale che vi fu meco
  ancora,
  Poi mi sfuggia . . .
Violetta: Mio Dio! . . .
Gastone (ad Alfredo):
  Pietà di lei!
*Barone (ad Alfredo con mal fre-
  nata ira):* Signor!
Violetta (piano al Barone): Fre-
  natevi, o vi lascio.

Alfredo (disinvolto): Barone,
  m'appellaste?
Barone (ironico):
  Siete in sì gran fortuna, che al
  gioco mi tentaste.

Alfredo (ironico): Sì? . . . la disfida accetto . . .
Violetta (da sè): Che fia? morir
  mi sento!
  Pietà, gran Dio, di me!

Barone (punta): Cento luigi a de-
  stra.
Alfredo (punta): Ed alla manca
  cento.
Gastone (tagliando): Un asso . . .
  un fante . . .
(ad Alfredo) hai vinto!
Barone: Il doppio?
Alfredo: Il doppio sia.
Gastone (tagliando): Un quattro,
  un sette.
Dottore, Marchese e Coro:
  Ancora! . . .
Alfredo: Pur la vittoria è mia!

*Da wird das Spiel durch die Aufforderung zum Abendessen im
angrenzenden Raum unterbrochen.*

Zum dritten Mal erklingt Violettas flehende Melodie (Nr. 33).

*Alfredo will die Einladung überhören, in unstillbarem Rache-
durst fordert er den Baron immer wieder heraus. Doch dieser
schickt sich in die Unterbrechung und folgt den übrigen Gästen
in den Speisesaal.*

(Er zieht die Banknoten ein und steckt sie in die Brusttasche.)

Gaston, Doktor, Marquis und Chor: Seht einmal an! Fortuna entscheidet sich für Alfred!

Flora: Lieber Baron, ich ahne, heut müssen Sie bezahlen!

Alfred (zum Baron): Ein neues Spiel!

Diener (tritt ein): Das Mahl ist bereitet!

Flora: Zu Tische!

(Sie tritt zu Violetta und bittet sie.)

Gaston, Doktor, Marquis und Chor: Wir kommen!

Flora: Ich bitte . . .

Gaston, Doktor, Marquis und Chor: Sogleich . . .

Violetta (für sich):
Ich fühle mich vor Scham vergehen!
O steh mir bei, Himmel, in meiner Not!

(alle ab, bis auf Alfred und den Baron)

Alfred (zum Baron): Wollen Sie weiterspielen?

Baron: Erst gehen wir zu Tische, dann geben Sie Revanche mir. .

Alfred: In welchem Spiel Sie wollen!

Baron: Die Freunde warten . . . Später!

Alfred: Steh jederzeit zu Diensten,
(sich entfernend)
Mein Herr!

(Prende il denaro e lo intasca.)

Gastone, Dottore, Marchese e Coro: Bravo davver! . . . la sorte è tutta per Alfredo! . . .

Flora: Del villeggiar la spesa farà il baron, già il vedo.

Alfredo (al Barone): Seguite pur.

Servo (entra): La cena è pronta.

Flora: Andiamo.

(S'avvicina a Violetta invitandola ad uscire.)

Gastone, Dottore, Marchese e Coro: Andiamo!

Flora: Andiamo!

Gastone, Dottore, Marchese e Coro: Andiam!

Violetta (da sè):
Che fia? morir mi sento!
Pietà, gran Dio, di me!

(Tutti partono, restando indietro Alfredo ed il Barone.)

Alfredo (al Barone): Se continuar v'aggrada . . .

Barone: Per ora nol possiamo: Più tardi la rivincita.

Alfredo: Al gioco che vorrete.

Barone: Seguiam gli amici; poscia . . .

Alfredo: Sarò qual bramerete.

(si allontanano)
Andiam!

Erst jetzt geht das Motiv Nr. 32 in überaus bewegte Streicherläufe über, die sich in dynamischer Steigerung in einen heftig gehämmerten Akkord entladen. Man fühlt, wie nahe die Situation einem neuen dramatischen Höhepunkt ist. Atemlos vor Erregung ist Violetta in den Spielsaal zurückgekehrt, wo sie nun Alfredo erwartet.

Sie stehen einander gegenüber, nicht mehr liebevoll wie noch am gleichen Morgen. Violetta mit zerrissenem Herzen, im doppelten Schmerz, den einzig Geliebten verlassen zu müssen und ihm die Wahrheit nicht sagen zu dürfen; Alfredo, durchtobt von Rachegelüsten an Violetta (die er immer noch liebt) und am Baron. Eine stark bewegte Orchesterphrase wiederholt sich ungezählte Male, läßt den Dialog messerscharf hervortreten und malt das jagende Pochen der Pulse, der Herzen.

Baron (sehr entfernt): Mein
   Herr!
(Violetta tritt aufgeregt ein, dann
     Alfred)
Violetta:
  Ich gab Alfred ein Zeichen.
  Wird er kommen? Wird er ver-
  stehen?
  Ja, er kommt . . .
  Ich glaub, sein Haß wird stär-
  ker sein
  als all mein Flehen!
Alfred (tritt ein): Sie befahlen?
  Und Sie wünschen?
Violetta:
  Du sollst hier nicht länger
  bleiben,
  ich befürchte . . .
  es ist möglich . . .
Alfred:
  Ich verstehe! Keine Sorge!
  Für so ängstlich mich zu
  halten!
Violetta: O nein, gewiß nicht!
Alfred: Was gibt's zu
  fürchten?
Violetta: Ach, mir bangt vor dem
  Barone . . .
Alfred:
  Mein Rival auf Tod und
  Leben . . .
  Wenn durch meine Hand er
  fiele,
  raubt ich Ihnen den Geliebten
  und zugleich auch den Be-
  schützer . . .
  Ist es das, was Sie befürchten?

Barone (ben lontano): Andiam!

(Violetta torna affannata, indi Al-
     fredo.)
Violetta:
  Invitato a qui seguirmi,
  Verrà adesso? . . . vorrà
  udirmi? . . .
  Ei verrà, che l'odio atroce
  Puote in lui più di mia voce . . .

Alfredo (entra): Mi chiamaste?
  Che bramate?
Violetta:
  Questi luoghi abbandonate . . .
  Un periglio vi sovrasta . . .

Alfredo:
  Ah, comprendo! . . .
  Basta, basta . . .
  E sì vile mi credete?
Violetta: Ah no, no mai . . .
Alfredo: Ma che temete? . . .

Violetta: Tremo sempre del
  Barone . . .
Alfredo:
  È fra noi mortal questione . . .
  S'ei cadrà per mano mia
  Un sol colpo vi torria
  Coll'amante il protettore . . .
  V'atterrisce tal sciagura?

Die Spannung steigert sich immer weiter. Violetta ist nahe am Zusammenbrechen, mit übermenschlicher Anstrengung zwingt sie sich zu den Lügen, die zu sagen sie Alfredos Vater gelobt hat.

Violetta:
Nein, die Furcht, daß er dich tötet,
ist der Grund, daß ich dich warnte.
Darum geh, bevor's zu spät ist.
Alfred: Wenn ich sterbe,
kümmert Sie das?
Violetta: Laß dich bitten,
geh augenblicklich!
Alfred:
Gut, ich folge deinem Wunsche,
wenn du schwörst, mit mir zu gehen.
Violetta: Ach, nein, unmöglich!
Alfred: Wie? Unmöglich?
Violetta:
Ich bin gezwungen...
Vergiß den Namen,
der verleumdet!
Du mußt gehen!
Wart nicht länger!
Einen Eid hab ich geschworen,
dich zu meiden...
Alfred: Und wem?... Sag
doch... wer verlangte...
Violetta: Der das Recht besaß,
zu fordern!
Alfred: Der Baron?
Violetta (sich gewaltsam beherr-schend): Ja.
Alfred: Also liebst du ihn?
Violetta: Gewiß... ich lieb ihn...
Alfred (außer sich vor Wut und Zorn; eilt zur Mitteltüre und ruft): Ihr Freunde, hört!
(Alle eilen bestürzt herbei)

Violetta:
Ma s'ei fosse l'uccisore?
Ecco l'unica sventura...
Ch'io pavento a me fatale!

Alfredo: La mia morte!...
Che ven cale?...
Violetta: Deh, partite,
e sull'istante.
Alfredo:
Partirò, ma giura innante
Che dovunque seguirai
I passi miei...

Violetta: Ah, no, giammai.
Alfredo: No! Giammai!...
Violetta:
Va, sciagurato.
Scorda un nome ch'è infamato.
Va... mi lascia sul momento...
Di fuggirti un giuramento...
Sacro io fea...
Alfredo: A chi, dilo... chi potea?
Violetta: A chi dritto pien n'avea.
Alfredo: Fu a Douphol?...
Violetta (con supremo sforzo): Sì.
Alfredo: Dunque l'ami?
Violetta: Ebben... l'amo...

Alfredo (corre furente a spa-lancare la porta):
Or tutti a me.
(Tutti entrano confusamente)

109

Jetzt ist das Orchester in stetiger Steigerung auf einen Höhepunkt gelangt. Es untermalt mit heftigem Tremolo und großen Intervallsprüngen die zum Zerreißen gespannte Atmosphäre. Auf Alfredos Rufe sind alle Gäste herbeigeeilt. Und nun schleudert er der Geliebten in wilder Anklage seine nicht mehr zurückzudämmende Wut entgegen. (Die Violoncelli des Orchesters unterstreichen, unter dem dichten Geigentremolo, seine Worte).

Alle blicken schweigend auf den Rasenden, das Orchester vollführt zwei Donnerschläge, dann schweigt es auch. Und nun ringt sich aus Alfredos Brust die unsinnige Beschuldigung los. Das Orchester klopft nun leise, gnadenlos und nur zweimal von einem scharfen Akzent wie von einem grellen Blitz aufgejagt:

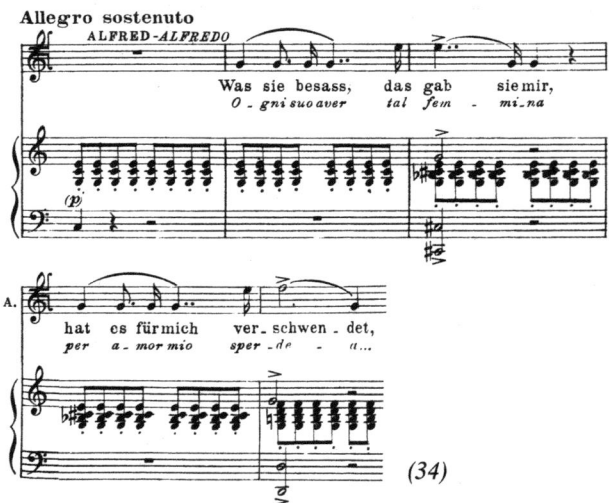

(34)

Dann übernehmen die Holzbläser Alfredos anklagende Melodie.

110

Alle (ohne Violetta und Alfred):
Nun, man rief uns?
Sagt, was gibt es?
Alfred (auf Violetta zeigend, die
sich ganz erschöpft auf den
Tisch stützt):
Diese Dame kennt ihr alle?
Alle (ohne Violetta und Alfred):
Wen? Violetta?
Alfred: Was sie tat, sollt ihr jetzt
hören!
Violetta (zu Alfred): O schweige!

Alle (ohne Violetta und Alfred):
Nun?

Tutti (senza Violetta ed Alfredo):
Ne appellaste? . . .
Che volete?
Alfredo (additando Violetta che
abbattuta si appoggia al tavo-
lino):
Questa donna conoscete?
Tutti (senza Violetta ed Alfredo):
Chi? . . . Violetta?
Alfredo: Che facesse
Non sapete?
Violetta (ad Alfredo): Ah, taci . . .

Tutti (senza Violetta ed Alfredo):
No.

Alfred:
Was sie besaß, das gab sie mir,
hat es für mich verschwendet,
verblendet, töricht, ahnt ich
nicht,
wie solche Liebe endet!
Doch ist noch Zeit, mich frei
zu sehn
von solchen schnöden
Banden . . .
Nun sollt ihr mir bezeugen:
ich gab das Geld zurück!
(Er wirft mit Verachtung einen
Beutel mit Geld zu Violettas Fü-
ßen, die ohnmächtig in Floras Ar-
me fällt. In diesem Augenblick
tritt Germont ein.)

Alfredo:
Ogni suo aver tal femmina
Per amor mio sperdea . . .
Io cieco, vile, misero,
Tutto accettar potea,
Ma è tempo ancora! . . . ter-
germi
Da tanta macchia bramo . . .
Qui testimon vi chiamo
Che qui pagata io l'ho.

(Getta con furente sprezzo una
borsa a' pie' di Violetta, che svie-
ne fra le braccia di Flora. In que-
sto momento entra Germont.)

111

*Während er Violetta das Geld ins Gesicht schleudert, brechen
alle Gäste (und das Orchester) in einen Schrei der Empörung
aus. Lange erklingen die erregten Gesänge, sie wirken im Unisono (und mit der Unisono-Untermalung des Orchesters) don-
nernd und unerbittlich. Selbst diese frivole Gesellschaft kann
außer sich geraten, wenn gegen ihre Spielregeln gehandelt wird.*

*Mitten in den tosenden Tumult erklingt plötzlich eine besonnene,
wenn auch hörbar erzürnte Stimme: Vater Germont ist eingetre-
ten und stellt nun seinen Sohn zur Rede:*

(35)

*Und mit seiner langen, ernsten und bitteren Ermahnung beginnt
eines jener großartigen Ensembles, die Verdi zwar von seinen
Vorgängern geerbt hat – man denke an das Sextett aus Donizettis
»Lucia di Lammermoor« –, die er aber zu nie geahnten Meister-
stücken an vokaler Opernpolyphonie auszubauen verstand.*

Gaston, Baron, Doktor, Marquis
und Chor:
  O welche Schande,
  sich so zu verhalten,
  ja, das ist unerhört,
  was wir vernahmen!
  Nein, die Beschimpfung
  ist nicht zu verzeihen!
  Wir dulden nicht,
  daß du hier noch verweilst!
  Geh, geh, geh, geh, geh, geh!
  O diese Schmach!

Gastone, Barone, Dottore, Mar-
chese e Coro:
  Oh, infamia orribile
  Tu commettesti! . . .
  Un cor sensibile
  Così uccidesti! . . .
  Di donne ignobile
  Insultatore,
  Di qua allontanati,
  Ne desti orror.
  Va, va, va, va, va, va, ne desti
  orror.

Germont (mit würdigem Feuer):
  Den trifft Verachtung, der sich
  vergessend,
  sei's auch im Jähzorn, ein
  Weib beleidigt!
  Mein Sohn, mein Alfred, wie
  war das möglich?
  Was ist mit dir geschehen?
  Ich kenne dich nicht mehr!
  Wo ist mein Alfred, wie war
  das möglich?
  Was ist geschehen mit dir?
  Denn meinen Sohn versteh ich
  nicht mehr!
Alfred (für sich):
  O Gott, was tat ich?
  Wie konnt ich's wagen?
  Es war Verzweiflung,
  die mich befallen.
  Kann Violetta mir je
  verzeihen,
  kann Violetta mir je verzeihn?

Germont (con dignitoso fuoco):
  Di sprezzo degno sè stesso
  rende
  Chi pur nell'ira la donna
  offende.
  Dov'è mio figlio? . . . più non
  lo vedo:
  In te più Alfredo
  trovar non so.

Alfredo (da sè):
  Ah sì . . . che feci! . . . ne sento
  orrore.
  Gelosa smania, deluso amore
  Mi strazian l'alma . . . più non
  ragiono.
  Da lei perdono – più non avrò.

Von wildem Zorne war ich
benommen,
als ich zum Feste hierher
gekommen . . .
Nun, da ich sehe,
was ich ihr antat,
erfaßt mich Reue und tiefe
Scham . . .

Flora, Gaston, Doktor, Marquis
und Chor:
(Flora zu Violetta)
O welche Qual für das arme
Herz!
Hier fühlt ein jeder mit dir den
Schmerz.
Von guten Freunden bist du
umgeben,
darfst nicht verzagen, wir
stehn dir bei.

Germont (für sich):
Ich kenn die Qualen,
die sie erduldet,
ja, ich allein hab dies alles
verschuldet!
Und nur aus Liebe hat sie
gehandelt.
Doch ich muß schweigen,
fällt mir's auch schwer.

Baron (leise zu Alfred):
Sie haben diese Dame so
schwer beleidigt,
und jeder fühlt sich mit ihr
getroffen.
Ich werd uns alle an Ihnen
rächen.
Für dies Verhalten zahlen
Sie schwer!

Volea fuggirla . . . non ho po-
tuto!
Dall'ira spinto son qui venuto!
Or che lo sdegno ho disfogato,
Me sciagurato! . . . – rimorso
n'ho.

Flora, Gastone, Dottore, Mar-
chese e Coro:
(Flora a Violetta)
Oh, quanto peni! . . . Ma pur fa
cor . . .
Qui soffre ognuno del tuo
dolor;
Fra cari amici qui sei soltanto;
Rasciuga il pianto che
t'inondò.

Germont (da sè):
Io sol fra tanti so qual virtude
Di quella misera il sen rac-
chiude . . .
Io so che l'ama, che gli è fe-
dele,
Eppur crudele, – tacer dovrò!

Barone (piano ad Alfredo):
A questa donna l'atroce in-
sulto
Qui tutti offese, ma non inulto
Fia tanto oltraggio . . . provar
vi voglio
Che il vostro orgoglio – fiaccar
saprò.

Mit einer einzigen lyrischen Ruhepause, in der Violetta mit leiser Stimme und doch mit höchster Leidenschaft, mehr zu sich selbst als zu Alfredo von ihrer unwandelbaren Liebe singt, steigert das Ensemble sämtlicher Solisten und des Gästechors sich von Augenblick zu Augenblick. Stimmlich von den hohen Kantilenen Violettas und Alfredos angeführt, die vom Orchester unterstützt werden, von Germont wirkungsvoll kontrapunktiert, durch die rhythmischen Einwürfe des Chors in dauernder Hochspannung gehalten, fließt das imposante Stück überwältigend dahin, Klangorgie zugleich mit dramatischem Höhepunkt, auf dem sich ein Herzensdrama von schmerzlichstem Ausmaß abspielt.

*Violetta (erholt sich, mit sehr
schwacher Stimme, doch leidenschaftlich):*
Mein Alfred, wüßtest du,
wie groß die Liebe,
die ich im Herzensgrund für
dich empfinde!
Du kannst nicht ahnen,
was ich erduldet,
ich nahm Verachtung hin aus
Liebe zu dir.

*Flora, Gaston, Doktor, Marquis
und Chor:*
Überwinde den Schmerz!
Trockne die Tränen!
Wir stehn dir bei. [1]

Violetta:
Doch kommt die Stunde, da
wirst du sehen:
es war nur Liebe und kein Vergehen!
Dann schenke Gott deiner armen Seele seine Gnade!
Gott steh dir bei!
Ach ja, bis zum Tode lieb ich
dich,
nur dich allein!

*Violetta (riavendosi con voce de-
bolissima e con passione):*
Alfredo, Alfredo, di questo
core
Non puoi comprendere
tutto l'amore;
Tu non conosci che fino a
prezzo
Del tuo disprezzo – provato io
l'ho!

*Flora, Gastone, Dottore, Mar-
chese e Coro:*
Quanto peni! Fa cor!
Fra cari amici sei ...
Rasciuga il pianto che
t'inondò.

Violetta:
Ma verrà tempo in che il
saprai ...
Come t'amassi confes-
serai ...
Dio dai rimorsi ti salvi allora,
Ah! Io spenta ancora – pur
t'amerò.

---

[1] Bei weiteren Wiederholungen des gleichen italienischen Textes lassen die deutschen Übersetz-
zer den Doktor und den Marquis folgende Verse
singen:
Doktor, Marquis:
Du darfst nicht weinen!
O hab Vertrauen,
du kannst auf die Hilfe
der Freunde nun bauen!
Sei sicher: die Freunde,
sie stehn dir zur Seite,
so trockne die Tränen
und faß wieder Mut.

Germont:
  Nur ich allein weiß,
  daß sie ihm treu ist,
  doch ich muß schweigen,
  fällt mir's auch schwer
(Germont zieht den Sohn mit sich fort; der Baron folgt ihnen. Violetta wird vom Doktor und Flora in ein anderes Zimmer geleitet; die Gäste verlieren sich.)

Germont:
  Io so che l'ama, che gli è
  fedele,
  Eppur crudele, – tacer dovrò.

(Germont trae seco il figlio; il Barone lo segue. Violetta è condotta in altra stanza dal Dottore e da Flora; gli altri si disperdono.)

So laut der zweite Akt schloß, so unendlich still hebt der dritte, das letzte Bild der Tragödie an. Das Vorspiel gehört zum Schönsten, was Verdi oder irgendein anderer Komponist je schreiben konnte. Es heißt, Verdi habe es in einer glücklichen Stunde so niedergeschrieben, daß er nie mehr eine Note daran zu ändern brauchte. Die ersten Takte der überaus zarten hohen Streicherklänge entsprechen, lediglich um einen halben Ton höher gerückt (so als sollten sie noch ätherischer, noch »himmlischer« klingen), genau jenen des Vorspiels zum ersten Akt. Selbst die eigenartige »Anomalie« der sieben Takte der ersten Phrase (anstatt der in Klassik und Romantik selbstverständlichen acht) ist beibehalten. Neu hingegen die Fortsetzung: eine überaus schmerzliche Melodie – die in den Geigen beginnt und dann von Flöten und Klarinetten gestützt wird – führt uns unmittelbar in den seinem Ende entgegengehenden Krankheitszustand Violettas:

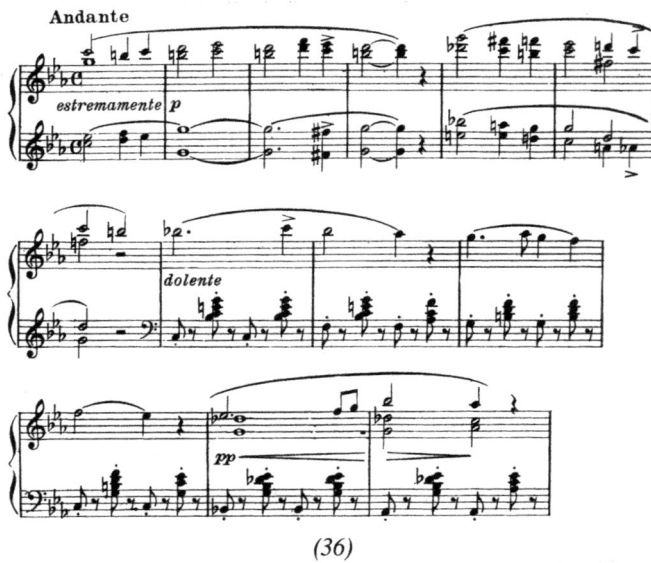

(36)

Melodiös auch die Weiterführung, still und schon fast wie aus dem Jenseits: Verdis Inspiration ist von letzter, tiefster Innigkeit.

DRITTER AKT
Violettas Schlafgemach
Im Hintergrund in einer Nische
ein Bett, dessen Vorhänge halb
zurückgezogen sind; ein Fenster
ist von innen mit Fensterläden ge-
schlossen; neben dem Bett ein
Tischchen mit Wasserflasche,
Glas, Arzneien, mitten im Zim-
mer ein Toilettentisch, daneben
ein Sofa, weiterhin ein anderes
Möbelstück, auf dem eine bren-
nende Nachtlampe steht; Stühle
und anderes Mobiliar. Links eine
Tür. Im Kamin brennt Feuer.

ATTO TERZO
Camera da letto di Violetta.
Nel fondo è un letto con cortine
mezzo tirate; una finestra chiusa
da imposte interne; presso il letto
uno sgabello su cui una bottiglia
d'acqua, una tazza di cristallo,
diverse medicine. A metà della
scena una toilette, vicino un cana-
pè; più distante un altro mobile,
su cui arde un lume da notte; varie
sedie ed altri mobili. La porta è a
sinistra; di fronte v'è un caminetto
con fuoco acceso.

Eine kurze Steigerung, ein Aufschwung des Orchesters, als gälte er einem Aufflackern von Violettas fast schon erloschenen Lebenskräften. Dann ein mattes Abwärtssinken, ein Seufzermotiv, ein langsames Verlöschen, als male es das Eingehen einer müdgewordenen Seele in die Ewigkeit. Nur ein erstklassiges Orchester und ein großer, feinfühliger Dirigent vermögen das in letztmöglicher Schönheit zu gestalten.

Das Gespräch zwischen Violetta und Annina wird mehrfach von Bruchstücken aus dem Vorspiel unterbrochen, so als höre Violetta noch im dämmernden Halbschlaf die Sphärenmusik anderer Welten (Nr. 36).

Auch das Gespräch mit Dr. Grenvil ist ganz auf leiseste Untermalung und ausdrucksvolle Deklamation ohne stimmliche Erhebung gestellt.

Szene und Arie
Violetta
(Violetta liegt schlafend im Bett.
Annina sitzt vor dem Kamin und
schläft.)
Violetta (erwachend): Annina?
Annina (fährt verwirrt hoch):
Sie befehlen?
Violetta: Du schliefst wohl?
Ach, du Arme.
Annina: Ja, o verzeihn Sie . . .
Violetta: Einen Schluck zu
trinken!
(Annina bringt es.)
Annina, ist es schon Morgen?
Annina: Es schlug sieben.
Violetta: Bitte, öffne dort das
Fenster!
Annina (öffnet den Fensterladen
und schaut nach der Straße):
O, da kommt schon der Arzt.
Violetta: Das ist wahre Freund-
schaft!
Ich stehe auf . . . Komm, hilf
mir!
(Sie steht auf, unterstützt von An-
nina und dem eintretenden Arzt
wird sie nach dem Lehnstuhle ge-
führt.)
O, das ist lieb! So früh sind Sie
gekommen!
Doktor (fühlt ihr den Puls):
Ja!
Nun, wie geht es heute?
Violetta:
Stark sind die Schmerzen,
doch ich trag sie willig.

Scena ed Aria
Violetta
(Violetta dorme sul letto. Annina,
seduta presso il caminetto, è pure
addormentata.)
Violetta (svegliandosi): Annina?
Annina (destandosi confusa):
Comandate?
Violetta: Dormivi, poveretta?
Annina: Sì, perdonate.
Violetta: Dammi d'acqua un
sorso.
(Annina eseguisce.)
Osserva, è pieno il giorno?
Annina: Son sett'ore.
Violetta: Dà accesso a un po' di
luce . . .
Annina (apre le imposte e guarda
nella via):
Il signor di Grenvil! . . .
Violetta: Oh, il vero amico! . . .
Alzar mi vo' . . . m'aita.

(Fa per alzarsi ma ricade; poi,
sostenuta da Annina, va lenta ver-
so il canapè, ed il Dottore arriva
in tempo per sostenerla.)
Quanta bontà . . . pensaste a
me per tempo! . . .
Dottore (le tocca il polso):
Sì, come vi sentite?

Violetta:
Soffrei il mio corpo, ma tranquilla ho l'alma.

Nach des Arztes Worten zu Annina erklingt wiederum die Sphärenmusik der hohen, geteilten Geigen. Auch ohne seine Worte zu verstehen, fühlt jeder Hörer den Inhalt seiner Diagnose (Nr. 36).

Im leisen, kaum orchesterbegleiteten Zwiegespräch geht es trostlos, hoffnungslos weiter.

Seit gestern bin ich ruhig,
ich hab gebeichtet.
Ja, ein fester Glaube gibt mir
Trost in meinen Leiden.
Doktor: Wie war die Nacht?
Violetta: Ich habe gut geschlafen.
Doktor:
Das ist erfreulich ...
und Sie werden sicher sehr
bald gesund sein.
Violetta: Ach, diese fromme
Lüge
verzeih ich nur dem Arzte!
Doktor (ihr die Hand drückend):
Auf später! Guten Morgen!
Violetta: Doch nicht vergessen.
*Annina (begleitet den Arzt,
schnell und leise):*
Geht es besser, Herr Doktor?
Doktor: Noch heute wird der
Tod sie sanft erlösen.
(ab)
Annina: Bald wird es gut ...
Violetta: Ist denn nicht heut ein
Festtag?
Annina: Ja, ganz Paris ist
fröhlich,
denn heut ist Karneval.
Violetta:
Gott aber wird es wissen,
wieviel Tränen heut im
geheimen fließen ...
Wieviel Geld ist noch dort im
Kästchen?
(Sie zeigt nach dem Kästchen.)
Annina (öffnet und zählt): Zwan-
zig Dukaten.

Mi confortò ier sera un pio mi-
nistro ... ah!
Religione è sollievo ai soffe-
renti.
Dottore: E questa notte?
Violetta: Ebbi tranquillo il sonno.
Dottore:
Coraggio adunque ...
la convalescenza
Non è lontana ...
Violetta: Oh, la bugia pietosa
Ai medici è concessa ...

Dottore (le stringe la mano):
Addio ... a più tardi.
Violetta: Non mi scordate.
*Annina (accompagna il Dottore,
presto e piano):*
Come va, signore?
Dottore: La tisi non le accorda
che poche ore.
(Esce.)
Annina: Or fate cor.
Violetta: Giorno di festa è
questo?
Annina: Tutta Parigi impazza ...
è carnevale ...

Violetta:
Ah, nel comun tripudio,
sallo Iddio[1] ...
Quanti infelici soffron! ...
Quale somma
V'ha in quello stipo?
(Indicandolo)
Annina (apre e conta): Venti
luigi.

[1] TV: Für »Iddio« steht auch »il cielo«.

Doch im Augenblick, da Violetta allein zurückbleibt, beginnt eine der zauberhaftesten Szenen des Werks. Violetta liest den Brief Vater Germonts, den sie zwischen den Kissen hervorgeholt hat. Verdi greift hier zu einer in der Oper – und besonders der italienischen Oper – sehr seltenen Form: dem Melodram. Die gesprochene, nicht gesungene Stimme wird von leiser Musik untermalt. Eine Sologeige über einem zartesten Teppich aus Streicherklang intoniert die Liebesmelodie (Nr. 9), Reminiszenz aus glücklicheren Tagen, ferne, kaum zu glaubende Hoffnung, Fata Morgana, Traumbild . . .

VIOLETTA
„Sie hielten Ihr Versprechen... Das Duell fand statt!
"*Teneste la promessa ... La disfida ebbe luogo ...*

(37)

126

Violetta: Bring davon zehn noch
   heute zu den Armen.
Annina: Dann bleibt für Sie sehr
   wenig . . .
Violetta: Oh, ich bin sehr ge-
   nügsam!
   Sieh doch nach, was die Post
   gebracht!
Annina: Doch Sie?
Violetta:
   Sei unbesorgt. Beeil dich,
   komm bald wieder.
        (Annina ab.)
*(Sie zieht einen Brief hervor, den
   sie bei sich hatte und liest):*
(mit leiser Stimme)

Violetta: Dieci ne reca a' poveri
   tu stessa.
Annina: Poco rimanvi allora . . .

Violetta: Oh, mi saran bastanti;
   Cerca poscia mie lettere.

Annina: Ma voi? . . .
Violetta:
   Null' occorà . . . sollecita, se
   puoi . . .
        (Annina esce.)
(Trae dal seno una lettera e legge):
*(con voce bassa senza suono ma a
   tempo)*

»Sie hielten ihr Verspre-
chen . . . Das Duell
fand statt! Baron Douphol
wurde verwundet,
doch es geht ihm schon wieder
besser . . .
Alfred ist im Ausland . . .
Ich selbst habe ihm

»Teneste la promessa . . . la
disfida
Ebbe luogo! Il Barone fu
ferito,
Però migliora . . . Alfredo
È in stranio suolo; il vostro
sacrifizio
Io stesso gli ho svelato;

127

Ein schneidender Akkord weckt Violetta, ruft sie in die Wirklichkeit zurück. Und sie weiß mit unabwendbarer Sicherheit, daß der Tod sie erwartet.

Sie rafft sich zu einem Abschied an das Leben auf, zu einer melancholischen Arie an die Liebesfreuden in den Armen Alfredos:

(38)

Ihr Gesang belebt sich, singt von der noch nicht ganz erloschenen Hoffnung, Alfredo noch einmal zu sehen. Möge Gott in seiner Gnade ihr diese einzige, letzte Sehnsucht erfüllen, bevor alles, alles vorbei sei...

alle Zusammenhänge erklärt.
Er kehrt zu Ihnen
zurück, um Sie um Verzeihung
zu bitten,
auch ich werde kommen;
schonen Sie sich für eine besse-
re Zukunft.
George Germont.«
(mit Grabesstimme)
Zu spät!
      (steht auf)

Ich warte und warte,
seh sie niemals wieder!
 (betrachtet sich im Spiegel)
Gott, wie bin ich verändert!
Zwar der Doktor machte heut
mir wieder Hoffnung . . .
Ach, solch ein Leiden
läßt alle Hoffnung schwinden!

Lebt wohl nun, holde Träume,
die mich ehmals umfangen,
es welkten vor Kummer
die Rosen der Wangen.
O käme doch Alfred,
um Trost mir zu spenden,
vielleicht könnte alles
zum Guten sich wenden.
Herrgott im Himmel,
sei gnädig mit mir Armen,
und schenk mir deine Gnade,
schenk mir dein Erbarmen!
Ach, alles vorbei, zu Ende,
vorbei!

Egli a voi tornerà pel suo
perdono;
Io pur verrò . . .
Curatevi . . . mertate
un avvenire migliore.
Giorgio Germont.«

(con voce sepolcrale)
È tardi! . . .
      (Si alza.)

Attendo, attendo . . . nè a me
giungon mai! . . .
 (Si guarda nello specchio.)
Oh, come son mutata!
Ma il Dottore a sperar pure
m'esorta! . . .
Ah, con tal morbo ogni spe-
ranza è morta.

Addio, del passato
bei sogni ridenti,
Le rose del volto
già sono pallenti;
L'amore d'Alfredo
perfino[1] mi manca,
Conforto, sostegno
dell'anima stanca . . .
Ah, della traviata
sorridi al desio;
A lei, deh, perdona;
tu accoglila, o Dio,
Or tutto finì.

---

[1]. TV: Anstelle von »perfino« auch »pur esso«.

Die Arie hat zwei Strophen, doch viele Darstellerinnen der »Traviata« begnügen sich mit der ersten. So schön die Melodie auch ist, so voll tiefster Innigkeit der Gesang, sinngemäß und den dramatischen Gesetzen zuliebe ist eine völlig gleichmäßige Strophenform hier vielleicht – heutigem Empfinden nach – nicht ganz am Platze. (Ein anderes ist es, wenn Desdemona im letzten Akt des »Othello« mehrere Strophen des Volkslieds vom Weidenbaum anstimmt.)

Wieder, ähnlich wie im Finale des zweiten Akts, kontrastiert das Drama jetzt eine tragische mit einer – von außen in die Handlung geholten – bunten, bewegten Szene. Hier wird diese zwar nicht sichtbar, aber der vor den Fenstern Violettas vorübertanzende Karneval läßt auch hier das Schicksal der Hauptperson besonders verlassen und verloren erscheinen. Eine »Einlage«, nicht sonderlich originell im Musikalischen, nur den dramatischen Spielregeln zuliebe eingeschoben.

Die Freuden und die Leiden,
sie sind bald überwunden,
bald hab ich im Grabe
die Ruhe gefunden.
Ein Grab ohne Blumen,
ein Grab ohne Tränen,
kein Kreuz wird der Welt
meinen Namen erwähnen . . .
Herrgott im Himmel,
sei gnädig mit mir Armen,
und schenk mir deine Gnade,
schenk mir dein Erbarmen!
Ach, alles vorbei, zu Ende,
vorbei.
(setzt sich)

Le gioie, i dolori
tra poco avran fine,
La tomba ai mortali
di tutto è confine!
Non lagrima o fiore
avrà la mia fossa,
Non croce col nome
che copra quest'ossa!
Ah, della traviata
sorridi al desio;
A lei, deh, perdona;
tu accoglila, o Dio.
Or tutto finì!

(Siede.)

Bacchanal
Chor (hinter der Szene):
Platz dem gewaltigen
Herrn dieser Stunden,
dem wir die Hörner mit
Blumen umwunden.
Hörner- und Pfeifenklang
soll ihm ertönen!
Mancher, der Hörner trägt,
läßt sich nicht krönen!
Platz, ihr Leute, Raum gegeben,
laßt den Fasnachtsochsen
leben!

Baccanale
Coro (dietro la scena):
Largo al quadrupede
Sir della festa,
Di fiori e pampini
Cinta la testa . . .
Largo al più docile
D'ogni cornuto,
Di corni e pifferi
Abbia il saluto.
Parigini, date passo
Al trionfo del Bue grasso.

Spendet ihm alle heut
festliche Gaben!
Was gut und teuer, das
soll er heut' haben!
Lustige Maskenschar,
fröhlich und heiter,
jubelt ihm alle zu!

L'Asia, nè l'Africa
Vide il più bello,
Vanto ed orgoglio
D'ogni macello . . .
Allegre maschere,
Pazzi garzoni,
Tutti plauditelo

131

Dann aber eilt das Schauspiel seinem Höhepunkt entgegen. In rasendem Tempo bringt das Orchester ein neues, erwartungsgeladenes Motiv. Vielleicht ist die »Vorbereitung«, mit der Annina ihrer Herrin das für sie ungeheure Erlebnis der Rückkehr Alfredos ankündigt, ein wenig lang geraten, ein wenig umständlich, aber hier hat wahrscheinlich Verdi von seinem Textdichter Piave ein wenig Verzögerung erbeten, um dieses Orchestermotiv nach allen Regeln der Kunst langsam und mit unerhörter Spannung steigern zu können. Er mußte Zeit haben, um die Erwartung Violettas bis zur Siedehitze treiben zu können.

In größter Erregung verläßt Violetta das Bett und stürzt sich in die Arme des eintretenden Alfredo:

(Fortsetzung des Notenbeispiels S. 134)

Dann ziehn wir weiter.
Platz, ihr Leute,
Raum gegeben,
laßt den Fasnachtsochsen
leben!
Ja, er lebe, lebe hoch!

Con canti e suoni! ...
Parigini, date passo
Al trionfo del Bue grasso.
Largo, largo, largo!

Szene und Duett
Violetta und Alfred
Annina (kommt eilig zurück):
Madame ...
Violetta: Nun, was gibt es?
Annina: Sie fühlten sich heute
doch ein wenig besser?
Violetta: Ja, warum?
Annina: Aber bitte, nicht er-
regen.
Violetta (ungeduldig):
Sprich, was geschah denn?
Annina: Ach, ich bringe Ihnen
eine unverhoffte Freude ...
Violetta: Eine Freude?
O rede!
*Annina (bestätigt durch Kopfnik-
ken):* Ja, große Freude ...
Violetta: Mein Alfred!
Ist er gekommen?
Ist's wahr, mein Alfred ...

*(Alfred tritt ein, sie eilt ihm entge-
gen, sie umarmen einander.)*
O du mein Alfred, du liebster
Alfred,
meines Lebens ganzes Glück.
Alfred: O Violetta, o Violetta,
meines Lebens ganzes Glück.
Kannst du verzeihen,
o Violetta?

Scena e Duetto
Violetta ed Alfredo
Annina (torna frettolosa):
Signora!
Violetta: Che t'accadde?
Annina: Quest'oggi, è vero?
Vi sentite meglio? ...
Violetta: Sì, perchè?
Annina: D'esser calma
promettete?
Violetta (impaziente):
Sì, che vuoi dirmi?
Annina: Prevenir vi volli ...
Una gioia improvvisa ...
Violetta: Una gioia! ...
Dicesti? ...
Annina (afferma col capo):
Sì, o signora ...
Violetta: Alfredo! ...
Ah, tu il vedesti? ... ei
vien! ...
t'affretta.
*(Alfredo comparisce, gli va incon-
tro, si gettano le braccia al collo)*
Amato Alfredo! Oh gioia!

Alfredo: Oh mia Violetta!
Oh gioia!
Colpevol sono ... so tutto,
o cara.

133

(39)

*Ihre Stimmen jauchzen in glühendem Unisono, während das
Orchester, auf seinem Höhepunkt angelangt, diese tosend unter-
malt. (Es ist wieder einer der unvergeßlichen Augenblicke der
Operngeschichte; der Roman kennt ihn nicht, in ihm kommt es
nicht mehr zur Versöhnung der beiden grausam entzweiten
Liebenden.)
Jagend geht es dahin; die zärtlichen Worte überstürzen sich, aller
Gram ist fortgescheucht, nichts soll die Liebenden je wieder
trennen:* »Ma più da te« – »Für alle Zeit bei Dir...«

Violetta: Daß du bei mir bist,
in meinen Armen!
Alfred:
Auf diesen Augenblick wart
ich so lange,
denn nur mit dir vereint kann
ich noch leben.
Violetta:
Hab ich die Qualen so lang
ertragen,
wird alles leichter sein, bleibst
du bei mir.
Alfred:
Vergiß, Geliebte, die bittren
Stunden,
verzeih dem Vater und auch
mir.
Violetta:
Verzeihe du mir!
Daß ich dich kränkte,
geschah aus Liebe nur zu dir!

Violetta: Io so che alfine reso
mi sei! . . .
Alfredo:
Da questo palpito s'io t'ami
impara,
Senza te esistere più non po-
trei.
Violetta:
Ah, s'anco in vita m'hai ritro-
vata,
Credi che uccidere non può il
dolor.
Alfredo:
Scorda l'affanno, donna ado-
rata,
A me perdona e al genitor.

Violetta:
Ch'io ti perdoni?
la rea son io;
Ma solo amor tal mi rendè . . .

135

Eine kleine Ruhepause, während der Alfredo die gänzlich erschöpfte Violetta zu einer Ruhestatt geleitet. Während sie sich, noch mit geschlossenen Augen ihrer überströmenden Seligkeit hinzugeben scheint, spricht Alfredo in einer tröstlichen Melodie liebevoll von der Zukunft:

(40)

Ermattet, doch mit ganzer Innigkeit, übernimmt Violetta diese Zukunftsvision (die im Italienischen nicht ganz so utopisch erscheint, da sie lediglich davon ausgeht, Paris zu verlassen, also sich wieder auf dem Lande anzusiedeln, während die deutsche Übersetzung fälschlich davon spricht »aus diesem Lande fliehen« zu wollen –, eine Reise die im Hinblick auf Violettas Gesundheitszustand völlig unsinnig und undenkbar ist), und in

136

Alfred[1]:
Für alle Zeiten werde ich bei
dir nun bleiben,
für alle Zeit.
Violetta: Und keine Macht kann
uns noch trennen
hier auf Erden,
für alle Zeiten bleib' ich nun
bei dir!
(Er führt Violetta zum Sofa.)

Alfred und Violetta:
Aus diesem Lande wollen wir
fliehen,
und neues Leben wird dir/mir
erblühen.
Laß uns nicht länger hier noch
verweilen,
und alle Sorgen werden
vergehn.
Freuden und Leiden wollen
wir teilen,
froh in die Zukunft wirst du
bald/werde ich sehn.

Alfredo e Violetta:
Null'uomo o demon,
angiol mio,
Mai più dividermi potrà da te.

(Accompagna Violetta al
divano.)

Parigi, o cara/o, noi lasce-
remo,
La vita uniti trascorreremo:
De' corsi affanni compenso
avrai,
La tua/mia salute rifiorirà.
Sospiro e luce tu mi sarai,
Tutto il futuro ne arriderà.

---

[1] Die deutschen Übersetzer geben hier Alfred und Violetta verschiedene Texte, obwohl sie im Italienischen dasselbe singen.

137

*einem zarten Duett einen sich die klopfenden Herzen (das
Orchester unterstreicht dieses Pochen) wie einst in glücklichen
Tagen.*

*Violetta, die sich erheben will, um in einer nahen Kirche Gott für
Alfredos Rückkehr zu danken, wird durch einen neuen Schwä-
cheanfall grausam in die Wirklichkeit zurückgerissen.*

Violetta:
  Nun, genug! Zur Kirche
  (Annina kommt zurück)
  laß uns nun gehen,
  dort will ich danken,
  daß du gekommen.
  (Sie schwankt.)
Alfred: Doch deine Schwäche . . .
Violetta: Nur keine Sorge.
  Die große Freude kam
  unerwartet,
  und die Erregung mußt du
  begreifen.
(will aufstehn und fällt in den Sessel zurück)
Alfred (erschrocken, stützt sie):

  O Himmel, Violetta!
Violetta: Es ist nur Schwäche,
  mein altes Leiden . . .
  Es geht vorüber, siehst du?
  (sich zwingend) Ich lächle . . .
Alfred (verzweifelt):
  Könnt' ich dir helfen!
Violetta: Keine Sorge.
  Annina, gib mir die Kleider!
Alfred: Violetta! Nein, warte!
Violetta (steht auf): Komm!
  Ich will gehen!
(Annina reicht ihr ein Kleid, das sie anlegen will, aber von Schwäche übermannt, zur Erde fallen läßt.)
(verzweifelt): Ach, hilf mir, mein
  Alfred!
(sinkt wieder auf den Stuhl zurück)

Violetta:
  Ah, non più, a un tempio . . .
  (Annina ritorna)
  Afredo, andiamo,
  Del tuo ritorno grazie
  rendiamo . . .
  (Vacilla.)
Alfredo: Tu impallidisci . . .
Violetta: È nulla, sai!
  Gioia improvvisa non
  entra mai
  Senza turbarlo un mesto
  core . . .
(Si abbandona sfinita sopra una sedia)
Alfredo (spaventato, sorreggendola):
  Gran Dio! . . . Violetta!
Violetta: È il mio malore . . .
  Fu debolezza! ora son forte . . .
  Vedi? . . .
  (sforzandosi) sorrido . . .
Alfredo (desolato):
  Ahi, cruda sorte! . . .
Violetta: Fu nulla . . . Annina,
  dammi a vestire.
Alfredo: Adesso? . . . Attendi . . .
Violetta(alzandosi): No . . .
  voglio uscire.
(Annina presenta a Violetta una veste ch'ella fa per indossare, ed impeditane dalla debolezza la getta a terra ed esclama.)
(con disperazione): Gran Dio!
  non posso!
  (ricade sulla sedia)

Das Orchester, nun in ununterbrochener, oft wie fieberhafter Erregung begleitet die Vorgänge auf der Bühne. Es unterstreicht Violettas wiedererwachten Willen zum Leben, zum Leben für Alfredo, und legt zuletzt sanfte Akkorde unter ihre fast erlöschende Stimme.

Dann scheint ein aufwärts gerichteter Sturmlauf sie mit sich empor zu reißen: in großer Melodie erklingt ihre Klage gegen das Schicksal, sie so jung sterben zu lassen:

(41)

Alfredo übernimmt (nach einem Gesetz der älteren italienischen Oper) Violettas Melodie – wenn auch mit gänzlich anderem Text –, und wieder wächst daraus ein (letztes) großes Duett voll stimmlicher und emotioneller Höhepunkte.

Alfred: Himmel, was seh' ich?
(zu Annina): Hol rasch den
Doktor!
Violetta (zu Annina):
  Ja, sag ihm, er sei gekommen,
  sag ihm, daß Alfred zurückge-
  kommen in meine Arme.
  Du mußt ihm sagen,
  daß ich leben will,
  ja, leben muß, für Alfred...
      (Annina ab)
      (zu Alfred)
  Nur deine Liebe läßt mich
  gesunden,
  sonst kann mir nichts auf der
  Welt mehr helfen!
      (sich rasch erhebend)
  Ach! Mein Gott,
  so jung zu sterben,
  von dieser Welt zu scheiden,
  da ich dem Ziel so nahe bin
  nach so viel schweren Leiden!
  Der Hoffnung leere Träume,
  sie hielten mich umfangen,
  nun faßt mich neues Bangen,
  ach, dahin ist all mein Mut!
Alfred:
  Ich fühle deines Herzens Not,
  doch ende deine Klagen!
  Es bleibt uns noch ein Hoff-
  nungsschein,
  wir dürfen nicht verzagen!
  Geliebte, o vertraue mir
  und laß den Mut nicht wanken,
  vor düsteren Gedanken
  ach, verschließe nun dein
  Herz!

Alfredo: Cielo!... che vedo!
  (ad Annina): Va pel dot-
  tore...
Violetta (ad Annina):
  Ah! Digli che Alfredo
  È ritornato all'amor mio...
  Digli che vivere ancor
  vogl'io...

      (Annina parte)
      (ad Alfredo)
  Ma se tornando non m'hai
  salvato,
  A niuno in terra salvarmi è
  dato.
      (sorgendo impetuosa)
  Ah! Gran Dio!
  morir sì giovane,
  Io che penato ho tanto!
  Morir sì presso a tergere
  Il mio sì lungo pianto
  Ah, dunque fu delirio
  La credula[1] speranza;
  Invano di costanza
  Armato avrò il mio cor!
Alfredo:
  Oh mio sospiro e palpito,
  Diletto del cor mio!...
  Le mie colle tue lagrime
  Confondere degg'io...
  Ma più che mai, deh, credilo,
  M'è d'uopo di costanza.
  Ah! tutto alla speranza
  Non chiudere il tuo cor.

---

[1] TV: Für »credula« steht »cruda mia«.

Germont und der Arzt treten ein, das Orchester bringt lebhafte Läufe, die Spannung läßt nicht nach. Vater Germont, der eigentliche »Schuldige« der Tragödie, empfängt Violettas Umarmung. Ist es ein Trost, daß er nun, da es zu spät ist, bereut? Verdi gewährt ihm noch eine zerknirschte Melodie, das Orchester deutet seine Selbstvorwürfe an.

Violetta: O ich fühle, daß ich sterben muß.
Alfred: Ach Violetta, nein, verzage nicht!
Violetta: Nun trennt uns bald der Tod!
Alfred[1]: Wer hilft aus dieser Not?
Sei getrost! o Violetta!
Verzage nicht in deiner Not!
Violetta[1]: Ich fleh' zu Gott in meiner Not!
(Violetta sinkt in den Sessel zurück.)

Violetta: Oh Alfredo! . . . il crudo termine . . .
Alfredo: Ah! Violetta mia, deh, calmati!
Violetta: Serbato al nostro amor!

Alfredo: M'uccide il tuo dolor.

(Violetta si abbandona sul divano.)

Schlußszene

Germont (und der Arzt kommen herein): Ah! Violetta!
Violetta: Sie, Germont . . .
Alfred: Mein Vater!
Violetta: Ja, er versprach es!
Germont:
Mein Versprechen hielt ich.
Ich bin zu dir gekommen,
dich als Tochter zu umarmen.

Violetta: Zu spät . . .
doch ich bin dankbar,
(ihn umarmend)
daß Sie alle gekommen . . .
und ich bin selig,
daß ich nicht allein bin
in meiner letzten Stunde . . .
Germont: Violetta!
(Violetta beobachtend)
O Himmel! 's ist wahr!

Finale ultimo

Germont (entrando col Dottore):
Ah, Violetta! . . .
Violetta: Voi, signor! . . .
Alfredo: Mio padre!
Violetta: Non mi scordaste?
Germont:
La promessa adempio . . .
A stringervi qual figlia vengo al seno,
O generosa . . .
Violetta: Ahimè, tardi giungeste!

(abbracciandolo)
Pure, grata ven sono . . .
Grenvil, vedete?
fra le braccia io spiro
Di quanti cari ho al mondo . . .
Germont: Che mai dite!
(osservando Violetta)
Oh cielo . . . è ver!

---

[1] Hier werden von den deutschen Übersetzern die Partien von Alfred und Violetta ausgeschmückt, während sie im Italienischen immer die gleichen Worte wiederholen.

143

*Mit letzter Kraft ergreift Violetta das Wort. Mit ermatteter
Stimme ruft sie Alfredo neben sich. Dann ertönen dumpfe
Akkorde im Orchester (wieder fühlt man sich, und stärker noch,
an das »Miserere« des »Troubadour« gemahnt). In vierfachem
Pianissimo klingt es wie eine Grabmusik:*

(42)

Alfred (zu seinem Vater): Kannst du mich nun verstehen?

Germont:
Vermehre nicht die Leiden,
die mir so qualvoll brennen in
der Seele . . .
Ja, erspare mir den Vorwurf,
quäl mich nicht länger.

(Violetta öffnet ein Behältnis und entnimmt ihm ein Medaillon.)
Ach, wie war ich verblendet,
beschämt erkenn' ich, was ich
ihr antat.

Violetta:
Ach, komm doch näher und
höre, geliebter Alfred.

      (düster)

Nimm das . . . es ist ein Bild
von mir
aus längst vergangnen Tagen,
es soll dir immer sagen,
wie sehr ich dich geliebt.

Alfredo (al padre): La vedi, padre mio?

Germont:
Di più non lacerarmi . . .
Troppo rimorso l'alma mi divora . . .
Quasi fulmin m'atterra ogni
suo detto . . .

(Violetta apre un ripostiglio e ne toglie un medaglione.)
Ah, malcauto vegliardo!
Il mal ch'io feci ora sol vedo!

Violetta:
Più a me t'appressa . . . ascolta,
amato Alfredo.

      (cupo)

Prendi; quest'è l'immagine
De' miei passati giorni;
A rammentar ti torni
Colei che sì t'amò.

Es ist ein erschütternder Augenblick, in den sich die Klagen Alfredos und seines Vaters mischen.

Violetta rafft ihre letzten Kräfte zusammen zu einer ausdrucksvollen Gesangslinie, zu einem jener Sterbegesänge, wie Verdi sie seinen geliebten Geschöpfen zuzuteilen pflegt:

(43)

Langsam stimmen alle Anwesenden in diese Todesmelodie ein. Violettas Stimme führt das Quintett an, sie steigt aufwärts bis zum hohen B.

146

Alfred:
　Sprich nicht vom Tod!
　Ich fühle es, du wirst am Leben
　bleiben,
　ich könnt es nicht ertragen,
　wenn dich der Tod mir raubte.
Germont:
　Du liebes Mädchen, das nun
　zugrunde geht
　an allzu großer Liebe,
　ach, kannst du mir verzeihen,
　was ich an dir getan?
Violetta:
　Findest du einst ein Mädchen,
　das noch ganz rein und unbe-
　rührt,
　nimm es zu deiner Gattin,
　wenn es dich lieb hat,
　nimm es zur Gattin . . .
　ich will's . . .
　Ihr sollst das Bild du geben;
　sag, das sei ein Geschenk
　von der,
　die nun vor Gottes Thron
　betet für sie und dich.
Germont:
　Ja, bis zu meinem Tode
　werd ich um dich weinen,
　du liebes Kind,
　in himmlischen Gefilden
　wird dich Gott erwarten,
　er wird dich führen
　ins Himmelreich.
Annina und Doktor[1]:
　Ich wein um sie,
　solang ich Tränen hab,
　wein ich um sie.

Alfredo:
　No, non morrai, non dir-
　melo . . .
　Dei viver, amor mio . . .
　A strazio sì terribil
　Qui non mi trasse Iddio . . .
Germont:
　Cara, sublime vittima
　D'un disperato amore,
　Perdonami lo strazio
　Recato al tuo bel core.

Violetta:
　Se una pudica vergine
　Degli anni suoi nel fiore
　A te donasse il core . . .
　Sposa ti sia . . . lo vo'.
　Le porgi quest'effigie;
　Dille che dono ell'è
　Di chi nel ciel fra gli angeli
　Prega per lei, per te.

Germont, Annina e Dottore:
　Finchè avrà il ciglio lacrime
　Io piangerò per te.
　Vola a' beati spiriti;
　Iddio ti chiama a sè.

---

[1] Auch hier werden den einzelnen Personen wieder verschiedene Texte in den Mund gelegt, obwohl sie im Italienischen dasselbe singen.

Dann bleibt für einen Augenblick der in dieser Oper so charakteristische hohe Klang der geteilten Violinen gleichsam in der Luft schweben. Aus ihm erhebt sich noch einmal, ein letztes Mal, die große, innige Liebesmelodie (Nr. 9). Violettas leise geflüsterten Worte »È strano« (»Wie seltsam!«) mahnen an den schon fernen Abend, als Alfredos erste Liebeserklärung in Violetta nie gekannte Gefühle heraufbeschwor. Der Streicherklang, flirrend, geheimnisvoll, wie aus einer anderen Welt, begleitet Violettas visionären Todeskampf.
Sie wähnt ins Leben zurückzukehren, während die Streicher ihre Intensität bis zum vollen Ausbruch des ganzen Orchesters steigern. Dann sinkt sie leblos zurück.

Zu Paradieses Freuden
ruf Gott sie in sein Reich,
hinauf ins Himmelreich!

Alfred:
  Soll ich so bald von dir geschieden sein?
  Gnade, o Gott, erbarm dich
  meiner Qual!
  Wenn du mit mir nicht leben
  kannst,
  so nimm mich mit ins Grab.

Alfredo:
  Sì presto, ah no, dividerti
  Morte non può da me.
  Ah, vivi, o solo un feretro
  M'accoglierà con te.

Violetta (plötzlich wie neu belebt,
  sich erhebend): Wie seltsam!
Alle (ohne Violetta): Wie?
Violetta (fast gesprochen):
  So leicht wird mir!
  Der Schmerz läßt nach,
  und ich spüre . . . gewiß . . .
  das Leben kehrt wieder . . .
  wunderbar . . .
  ich fühle neue Kraft!
  Ja, Geliebter,
  ja . . . ich weiß . . .,
  ich werde leben . . .
  Mein Alfred!
  (fällt in den Sessel zurück)
Annina, Germont und Doktor:
  O Himmel! Sie stirbt!
Alfred: Violetta!
Annina und Germont:
  O Gott, erbarme dich!
Doktor: Zu Ende!
Annina, Alfred und Germont:
  Es ist vorbei!

Violetta (improvvisamente riani-
  mata alzandosi): È strano! . . .
Tutti (senza Violetta): Che!
Violetta (parlando):
  Cessarono
  Gli spasimi del dolore.
  In me rinasce . . . m'agita
  Insolito vigor!
  Ah! Ma io ritorno a viver . . .
  Oh gioia!

  (Ricade sul divano)
Annina, Germont e Dottore:
  O cielo! . . . muor!
Alfredo: Violetta!
Annina e Germont:
  Oh Dio, soccorrasi . . .
Dottore: È spenta!
Annina, Alfredo e Germont:
  Oh mio dolor!

ENDE

FINE

Inhaltserzählung

Roman und Drama »Die Kameliendame« von *Alexandre Dumas* dem Jüngeren, die für das Musiktheater bearbeitet, ins Italienische übersetzt und von *Giuseppe Verdi* als »La Traviata«[1] vertont wurden, spielen um 1840 in Paris. »Hauptstadt der Welt« während manches Jahrzehnts des 19. Jahrhunderts, »ville lumière« (Lichterstadt) für viele, Sündenbabel für andere, gliederte sich Paris um diese Zeit in zwei sehr unterschiedliche, deutlich voneinander abgesetzte Schichten: auf der einen Seite in die »kleinen Leute«, zu denen das untere Bürgertum zählte, das sich seinen bescheidenen Platz an der Sonne fast täglich neu erkämpfen mußte, sowie die sich immer mehr als »Klasse« fühlende Arbeiterschaft, deren Leben von der Kindheit bis zum Grabe Fron und Freudlosigkeit bedeutete, und auf der anderen Seite in die Oberschicht, zu der die nach der großen Revolution intakt gebliebene, auf Renten und Privilegien ruhende, nie ihren Hochmut verlierende Aristokratie sowie die erfolgreichsten Vertreter des Großbürgertums und eine Reihe von Finanzmännern gehörten. Das Vorhandensein der Unterschicht begann für die künstlerische Darstellung erst im Verlauf der folgenden Zeit interessant zu werden – man wird dann von »Naturalismus«, in der Oper von »Verismus« sprechen –, ergiebiger hingegen war das Leben der Emporkömmlinge, der undurchsichtigen Spekulanten, die in der »Gründerzeit« des Zweiten Kaiserreichs (wie auch in anderen Ländern der Welt) eine vielbeneidete, wenn auch selten nachahmenswerte Rolle spielten. Am fesselndsten aber zeigte sich für viele Autoren jene Randschicht, die untrennbar von den Reichen und Mächtigen parasitär von deren Geld und Einfluß lebte, ohne mit ihnen im mindesten legal, sondern nur durch eine Konvention verbunden zu sein, die ihre eigenen Spielregeln besaß. Hierher gehörten vor allem die Mätressen der »großen« Herrn, die Kurtisanen, die mit Palästen, Equipagen, Schmuck, Dienstpersonal, Theaterlogen und rauschenden Festen wie mit selbstverständlichen Rechten umzugehen verstanden, ein

---

[1] »Die vom rechten Pfad Abgeirrte«, »Die Entgleiste«

150

nach außen hin blendendes, innerlich hohles, ja nicht selten totes Dasein führten und von der stetigen Angst geplagt wurden, beim unvermeidlichen Verlust ihrer Jugend und Schönheit ihrer materiellen Lebensquellen verlustig zu gehen.

In diese »Halbwelt« – Alexandre Dumas, der Autor der »Kameliendame«, hat in seinem darauffolgenden Roman diesen Begriff, »demimonde«, geschaffen – führt uns »La Traviata«, Verdis 18. Oper. Hinter ihrem Glanz, ihrem Lachen, ihrer allabendlich wiederholten Geselligkeit, ihren allnächtlich wiederkehrenden Umarmungen (denen man in gröblichster Verkennung der Tatsachen fälschlich die Bezeichnung »Liebe« zu geben pflegt) verbirgt sich mehr Eitelkeit als Leidenschaft, das »Recht« des Stärkeren, das eiserne Gesetz von Angebot und Nachfrage. Zur »demimonde«, zur Halbwelt gehören die meisten der Personen, die uns im Roman, im Drama und in der Oper rund um die »Kameliendame« entgegentreten: vor allem die Hauptperson selbst, bei Verdi Violetta Valéry genannt; zu ihr ebenfalls Flora Bervoix, ihre Freundin, die einzige Frau, die neben ihr (und ihrer Zofe) aus dem Roman für die Oper beibehalten worden ist. Von den Männern, die mit eigenen Rollen hervortreten, sind der Marquis d' Obigny und der Baron Douphol typische Vertreter jener Aristokratie, deren Lebensaufgabe darin besteht, ererbte Vermögen »standesgemäß« auszugeben, wozu auch das Verschwenden, ja das »sich Ruinieren« für eine besonders schöne und kokette Mätresse durchaus gehören kann. Dieser Schicht von prasserischen Nichtstuern – in der es wiederum Abstufungen gibt, je nachdem einige ihrer Vertreter über Millionenrenten, andere hingegen nur über wenige Tausende im Jahr verfügen können – stehen in unserer Oper eigentlich nur zwei Gestalten aus dem »bürgerlichen« Leben gegenüber: Vater und Sohn Germont. Der Vater hat sich in seiner Provinzstadt durch Redlichkeit und Fleiß eine geachtete Position erworben, die es ihm erlaubt, seinen Sohn Alfred nach Paris zu entsenden, wo er, auch mit den Zinsen des Erbteils seiner verstorbenen Mutter, ein wenig Großstadtluft atmen und einigen Studien nachgehen soll. Eine mittlere Stellung zwischen »Welt« und »Halbwelt« scheinen die beiden restlichen Figuren des Spiels einzunehmen: Alfreds Freund Gaston, der sich im Kreis der »demimonde« recht ungezwungen bewegt und Alfred dort einführt, sowie der Arzt Dr. Grenvil, der deren Treiben wohl nur von außen beobachtet, aber aus ihr möglicherweise seine beste Kundschaft bezieht. Der Rest der – vielen – Personen der Oper bleibt anonym und figuriert nur als »Gesellschaft« der beiden Festszenen, die als sehr geschickter Kontrast zu der idyllischen Zweisamkeit der Liebenden und der tragischen Einsamkeit der sterbenden Violetta in der Oper vorkommen.

Diese Herren und Damen, elegant gekleidet und von untadeligen Manieren gehören voll zur »demimonde«, sind untereinander durch oft enge, oft wechselnde, mehr körperliche als geistige oder seelische Beziehungen verbunden. Echte Liebe wird man hier vergeblich suchen, Freundschaft im wahren Sinne des Wortes ebenso: augenblickliche Interessen und – wie schon gesagt – Eitelkeiten geben den Ton in dieser Welt der Äußerlichkeiten an.

ERSTER AKT

Im Salon Violettas, der »Kameliendame« und zur Zeit wohl begehrtesten Kurtisane von Paris, ist gerade ein lichterglänzendes Fest im Gange. Die Gastgeberin, jung und von erlesener Schönheit, weltgewandt und anmutig, mit höchstem Luxus und geschmackvoll gekleidet, unterhält sich soeben mit ihrem Arzt und offenkundig alten Freund Dr. Grenvil, ist aber gleichzeitig strahlender Mittelpunkt der eleganten Runde. Nun geht sie einer Gruppe von Eintretenden entgegen: Der Marquis führt Flora am Arm, und mit ihnen erscheint der Baron Douphol, der sich so offenkundig wie erfolglos um Violettas Aufmerksamkeit bemüht. Gläser klirren, Lachen klingt hier und dort auf, einige Erkundigungen nach Violettas Gesundheit gehen im Trubel fast unter. Dann stehen zwei junge Männer in der Tür: Gaston, ein junger Adeliger und in der Runde wohlbekannt, stellt seinen Freund Alfred(o)[1] Germont vor. Der Neuling scheint ein wenig benommen, sei es von der Festesatmosphäre, sei es vom Liebreiz Violettas, die ihn willkommen heißt, um dann gleich das Zeichen zum Beginn des Soupers zu geben. Einige

---

[1] In diesem Text wählen wir den deutschen Namen »Alfred«, der in der italienischen Oper »Alfredo« heißt.

Violetta (Teresa Stratas), Alfred (Fritz Wunderlich)
und Gaston (Friedrich Lenz) im 1. Akt einer Aufführung der
Bayerischen Staatsoper, München, 1965. Regie: August Everding

Im Trinklied des 1. Aktes: Flora (Gabriele Sima),
Violetta (Sona Ghazarian) und Alfred (Dennis O'Neill)
in einer Aufführung der Wiener Staatsoper, 1983.
Inszenierung: Otto Schenk

Bruchstücke der Tafelgespräche werden vernehmbar. So
berichtet Gaston der zuerst nur zerstreut zuhörenden, dann
aber sichtlich stärker berührten Violetta, daß sein Freund
Alfred sich während ihrer erst kürzlich überstandenen, längeren Krankheit täglich in ihrem Hause nach ihrem Befinden
erkundigt habe. Sie wendet sich an den Baron und fragt spöt-
tisch, ob dieser seine Sorge um sie ebenso ausgedrückt habe?
Man spürt die Spannung zwischen Violetta und diesem Gast;
des Barons ungeschickte Antwort verschärft sie noch und läßt
kommende Rivalität zwischen dem Baron und dem neuen Gast
ahnen.
Violetta erhebt sich, um ihren Gästen zuzutrinken; Gaston
fordert den Baron zu einem Trinkspruch auf. Als dieser kurz
ablehnt, soll der Neuling Alfred einen Toast ausbringen. Alle
stimmen freudig zu, mit Ausnahme des nun mißgelaunten und
den ihm so plötzlich erwachsenen Nebenbuhler eifersüchtig

betrachtenden Barons. Alfred, verlegen zuerst, doch auf Violettas Aufmunterung bereit, stimmt das Trinklied an, das in schwungvollem Walzerrhythmus eine Huldigung an Gastlichkeit und weibliche Schönheit, vor allem aber auf die Liebe enthält. Brausend fällt die Tischgesellschaft ein. Mitgerissen erwidert Violetta: Sie besingt die Lebensfreude, die im Taumel dahinfliegenden Stunden, und wieder beschließt der Chor der Gäste jubelnd ihr Bekenntnis zur Sinnenlust. Nur Alfred ist nicht einverstanden: Das Leben sei mehr als ein Rausch, die Liebe erschließe seine wahren Werte. Violetta zeigt sich betroffen und Alfred deutet seine Gefühle zu ihr an. Der Augenblick der fast intimen Aussprache geht unter in dem erneut von allen begeistert angestimmten Trinklied, aber seine Erinnerung wird in den beiden Menschen, die einander plötzlich so nahe waren, nicht mehr erlöschen.

Aus einem Nebenraum dringt Tanzmusik und alle Anwesenden streben frohgelaunt dorthin. Da wird Violetta von einem heftigen Hustenanfall zurückgehalten. Alle stocken, setzen aber auf Violettas beruhigende Worte ihren Weg fort. Nur Alfred bleibt bei ihr zurück. Er ist ernstlich besorgt um sie und betrachtet sie liebevoll, während sie mühsam den Anfall zu überwinden sucht. Als sie wieder zu sich gekommen ist, blickt sie in einen Spiegel und erschrickt vor der eigenen Blässe. Dann bemerkt sie Alfreds Anwesenheit, der sie herzlich bittet, den Lebenswandel nicht fortzusetzen, der ihre Gesundheit offenkundig so gefährdet. Dürfte er über sie wachen! Sie sieht ihn erstaunt an, so voll tiefer Sorge hat noch niemand zu ihr gesprochen. »Weil niemand Sie liebt!«, stößt er in höchster Erregung hervor. Violetta sucht das Gespräch ins Scherzhafte zu ziehen, aber sein echtes Gefühl berührt sie stark, ohne daß sie es zeigen will. Ob er sie denn schon lange liebe, fragt sie, halb belustigt, halb erstaunt. Seit einem Jahr schon! Er erzählt von ihrer ersten Begegnung, die sie gar nicht bemerkt, die ihm aber einen unauslöschlichen Eindruck gemacht hat. Violetta wird immer mehr gepackt, aber noch will sie es nicht wahrhaben: was sollte eine echte Liebe in ihrem nur der Sinnenlust und dem damit verbundenen Gelderwerb geweihten Leben? Sich binden? Nein, dazu ist sie nicht geschaffen. Sie bittet ihn zu gehen, denn was er suche, könne sie ihm nicht gewähren. Alfred aber setzt ihren Bedenken seinen festen Glauben an die wahre Liebe entgegen. Violetta ermahnt ihn: nichts mehr von Liebe! Ob er es versprechen wolle? Traurig verabschiedet sich Alfred. Es erscheint ihm unmöglich, sich gefühllos in den Strudel des Vergnügens zu stürzen, der allen Anwesenden Lebenselement ist; zu tief ist er von seinen Gefühlen aufgewühlt. Nun ist Violetta betroffen, sie spürt, wie in ihrem Innern eine neue Saite zum Schwingen gebracht wurde. Sie entnimmt ihrem Kamelienstrauß eine Blüte und reicht sie Alfred. »Wozu?«, fragt er sie mit Bitterkeit in der Stimme. »Um sie mir zurückzubringen«, entgegnet Violetta. »Wann denn?« »Wenn sie beginnt zu welken!« Da bricht Jubel aus seinem Schmerz: »O Gott! Schon morgen?!« Violetta nickt, nun sehr ernst: »Gewiß... schon morgen...« Nun sind sie einander ganz nah. In glühenden Worten spricht Alfred von seiner Liebe und Violetta vernimmt nie gehörte Töne. Überwältigt stehen sie einander gegenüber und wissen beide nur eines: morgen, morgen.

Erhitzt vom Tanz kehrt die Gesellschaft aus dem Nebenraum zurück, verabschiedet sich von der Gastgeberin; das Fest ist aus, der Morgen naht. Es wird am nächsten Abend weitergehen, hier oder anderswo; denn nur Feste füllen die Tage dieser Frauen und Männer, nur Tanz und Spiel und Orgien. Gibt es überhaupt etwas anderes in der Welt der Müßiggänger, die längst keine echten Freuden, keine wahren Gefühle mehr kennen? Sie ahnen nicht im entferntesten etwas von dem Blitzstrahl, der auf einmal, völlig unerwartet aus heiterem Himmel in die Seele Violettas gefahren ist. Sie können nicht wissen, daß die Kameliendame, die sie vor einer halben Stunde inmitten ihres Hustenanfalls zurückließen, eine andere war als die Violetta, die sie nun wiederfinden. Lärmend verabschieden sie sich.

Violetta blickt ihnen nach, als seien sie endgültig aus ihrem Umkreis geschieden. Es ist still geworden um sie, aber tief in ihrem Innern klingt Alfreds Stimme nach. Ein neues Gefühl hat sich ihrer bemächtigt und erfüllt sie mit steigender Erregung. Eine wahre Liebe? Sie kennt dieses Sehnen nicht, das sich ihrer bemächtigt. Im Taumel ihres wüsten Lebens war für liebevolle, zärtliche, glückliche Gedanken kein Platz. Sie erschrickt, sucht sich noch einmal aus ihnen loszureißen: »'s ist Torheit, ja,

Violetta (Erika Köth) und Alfred (Cesare Curzi)
in der Bayerischen Staatsoper, 1953.
Regie: Heinz Arnold

Torheit! Ja, Wahnsinn!« Sie empfindet Angst vor dem Neuen, das auf sie hereinbricht, will davor flüchten, zurück in den vorherigen Rausch, den Taumel der unsinnigen »Lebenslust«, das einzige, das sie bisher erlebt hat. Da ertönt von der Straße her, wie aus einem Traum, Alfreds Stimme, die Melodie der Liebe und Sehnsucht. Violetta sucht sie zu übertönen, stimmt eine Hymne der Sinnlichkeit an. Aber deren scheinbarer Triumph wird nicht lange währen: morgen...

ZWEITER AKT

Erstes Bild: Die Oper überspringt nun Wochen, die im Roman ausführlich geschildert sind: Höhen und Tiefen der Liebe Alfreds und Violettas, Zerwürfnisse und Seligkeiten zweier Menschen, die von Tag zu Tag, von Nacht zu Nacht enger miteinander verwachsen. Vergebens sucht Violetta ihr bisheriges Leben, wenigstens zum kleinen Teil, mit dem großen neuen Gefühl in eine bald unmöglich werdende Übereinstimmung zu bringen.

Die Liebenden entfliehen dem Zwang des gesellschaftlichen Lebens und ziehen aufs Land, in die Umgebung von Paris (der Roman nennt Bougival als Zufluchtsstätte ihrer Liebe, ein kleines Haus im Grünen als Paradies ihrer Zusammengehörigkeit). Dorthin führt der zweite Akt der Oper. Alfred hängt seinen glücklichen Gedanken nach, ein sonniger Morgen hat ihn ins Freie gelockt, während Violetta noch im Schlafe liegt. Er trifft auf Annina, die getreue Kammerzofe, die mit aufs Land gezogen ist; sie scheint soeben von einer Reise zu kommen. Auf Alfreds erstaunte Frage gesteht sie, Violetta habe sie nach Paris geschickt, um einige ihrer Vermögenswerte zu Geld zu machen. Geld –, das Alltagswort tritt plötzlich in das Idyll der Liebenden. Alfred hat in Seligkeit dahingelebt, hat die Geliebte sich Sorgen gemacht? Er scheint zu erwachen: ihr Leben, auch im bescheidenen Landhaus, kostet Geld, er hat nie daran gedacht. Nun erinnert er sich schmerzlich an sein bescheidenes Einkommen. Violetta hat ein Leben voller Luxus hinter sich gelassen, um mit ihm vereint zu sein. Er hat nur ihr Aufblühen bemerkt, ihren täglich gesünder werdenden Zustand. Geld! »Sag, wieviel braucht ihr?«, will er von Annina wissen. Er rafft sich auf, wird sich die tausend Louisdor zu

2. Akt, im Landhaus nahe Paris:
Violetta (Sona Ghazarian) und Alfred (Dennis O'Neill)
in der Wiener Staatsoper, 1983

verschaffen wissen, die Annina nennt. Stürme durchtoben ihn,
der graue Alltag ist in ihr Sonnenparadies eingebrochen. Wie
blind er war! Doch noch ist Zeit, denkt er, alles gutzumachen.
Er stürzt fort, kleidet sich in Hast um, läuft aus dem Hause. Die
Zofe kann ihrer erwachenden Herrin nur melden, Alfred werde
erst am Abend aus Paris zurückkehren. Violetta öffnet einen
eben eintreffenden Brief und lächelt: Flora hat ihr ländliches
Versteck ausfindig gemacht und lädt sie für den Abend zu
einem Ball in ihrem Haus. Wie weit von alledem fühlt Violetta
sich entfernt, es hat für sie jeden Reiz verloren, seit sie die
Seligkeit wahrer Liebe erlebt. Nein, nie wieder zurück in das
sinnlose Leben von einst! Nie wieder!
Ein Herr wird gemeldet; es muß der Kaufmann sein, mit dem
Violetta über den Verkauf ihres gesamten Besitzes verhandeln
will. Aber der Besucher gibt sich sofort als ein ganz anderer zu
erkennen, ein Unerwarteter. Ein Fordernder, ein Feind: »In
mir sehn Sie den Vater Alfreds. Ja, dieser Tollkopf eilt in sein

159

Bernd Weikl als Vater Germont im 2. Akt
(Wiener Staatsoper, 1983)

Verderben, nur weil Sie ihn bezaubert.« Violetta weiß sich zu fassen, weist mit ruhigen, würdigen Worten die Anklagen zurück und will den Besucher verlassen. Dann aber nimmt sie Papiere zur Hand und weist sie dem erstaunten Vater Germont vor. Er muß erkennen, daß nicht sein Sohn den Aufwand dieses Hauses bestreitet, sondern Violetta, die zu diesem Zweck und ohne Alfred ein Wort zu sagen, den Auftrag gegeben hat, alle ihre beträchtlichen Werte zu veräußern. Germont ist tief betroffen von dem Geheimnis, das diese Frau ihm als Einzigem anvertraut. Er glaubte, einer Kurtisane entgegenzutreten, es leicht zu haben gegenüber einer »Lebedame«, die es gewohnt war, die Männer auszunutzen und echter Gefühle nicht fähig sein konnte. Entsetzt entdeckt er seinen Irrtum. Aber seine Aufgabe steht zu klar, zu eindringlich vor ihm, als daß er sie aufgeben könnte. Und so bittet er, nun in einem gänzlich veränderten Ton, Violetta um ein Opfer, dessen ganze Schwere er allerdings immer noch nicht ahnt.

Es handle sich um sein zweites Kind, seine Tochter, die vor ihrer Verlobung mit einem Mann aus gutem Hause steht; diese Verbindung müsse unweigerlich in Brüche gehen, wenn Alfred mit einer Kurtisane zusammenlebe. Violetta zuckt zusammen: hat sie zu schnell gedacht, sie könne ihre Vergangenheit abstreifen? Doch versteht sie Germonts Forderung immer noch nicht ganz, meint, mit einer vorgetäuschten Trennung vom Geliebten die Lage retten zu können. Aber Germont ist unerbittlich: es muß eine wirkliche Trennung sein, und für immer. Violetta bricht angesichts dieser furchtbaren Forderung zusammen. Sie kann es sich nicht mehr vorstellen, ohne Alfred zu leben, der nun der ganze Inhalt ihres Daseins ist. Wie sollte dies auch vor sich gehen? Niemals ließe er sie ziehen, würde ihr folgen, sie zurückholen wollen. Weinend wirft Violetta sich an Germonts Brust. Um seinetwillen, des verehrten Vaters wegen, für die unschuldige Tochter wird sie das Opfer bringen. Sie hat ihren Plan gefaßt. Sie fleht Germont an, dem Sohn beizustehen, wenn dieser vor Schmerz zusammenbräche. Ein einziger, schwacher Trost gibt ihr Stärke: alles, was nun noch folgen sollte, würde von nur kurzer Dauer sein. Eine Rückkehr in ihr früheres Leben bedeutet den baldigen Tod für sie. Vergebens sucht Germont, ihr diese düsteren Gedanken auszu-

Die große Szene zwischen Vater Germont (Wolfgang Brendel)
und Violetta (Ileana Cotrubas). Staatsoper, München, 1975

Vater Germont (Wolfgang Brendel) bei seiner Arie.
Bayerische Staatsoper, München, 1975

reden. Gerührt verabschieden sich Violetta und Alfreds Vater: zwei Welten standen einander gegenüber, zwischen denen es zwar keine Brücke gibt, wohl aber eine Versöhnung durch Menschlichkeit. Erschüttert geht Germont, will irgendwo in der Nähe die Rückkehr seines Sohnes abwarten, um ihm beizustehen.

In fliegender Hast setzt Violetta nun zwei Briefe auf; einen an den Baron Douphol, in dem sie seinem langen Werben endlich Erfüllung zusagt. Es ist der einzige Weg, damit Alfred für immer von ihr getrennt bleiben müsse. Sie bittet Annina um sofortige Bestellung dieses Briefes. Nun noch das zweite Schreiben, das schwerste ihres Lebens: an Alfred, kühl, sachlich, die bloße Mitteilung, sie sei in ihr vorheriges Leben zurückgekehrt. Er soll zwischen den Zeilen lesen, daß sie des jetzigen Zustands überdrüssig, ohne den gewohnten Luxus nicht länger zu leben gewillt sei. Ihr Herz blutet, denn nie hat sie Alfred stärker geliebt, sich nie so sehr gesehnt, für immer an seinem Herzen ausruhen zu können. Während sie mühsam um die so unwahren Worte ringt, tritt Alfred unvermutet ein, will sehen, was die völlig verwirrte Geliebte schreibe. Sie zerknüllt den angefangenen Brief, wirft sich schluchzend in seine Arme. Er ist früher heimgekehrt, denn man hat ihm gesagt, sein Vater befände sich auf dem Wege zu ihm. Er sucht Violetta zu beruhigen, hofft auf eine Verständigung mit dem Vater, der sicherlich nun auch sie, wenn er sie kennenlernte, freudig in den Schoß der Familie aufnehmen werde. Er kann Violettas Verzweiflung nicht verstehen, die Wildheit ihrer Küsse, von denen er nicht ahnt, daß sie einen Abschied für immer bedeuten. Sie stammeln noch einmal die tausendmal gesprochenen und doch nie abgebrauchten Liebesworte, dann eilt Violetta in den Garten, entschwindet Alfreds Blicken. Und wenige Augenblicke später meldet ihm ein herbeistürzender Diener, die Herrin habe soeben einen fremden Wagen bestiegen und sei mit ihrer Zofe Annina in der Richtung nach Paris fortgefahren. Alfred fühlt, daß sich hier Unerklärliches abgespielt habe, will aber immer noch annehmen, die Geliebte sei in einer geschäftlichen Angelegenheit in die Stadt gefahren und kehre bald zurück. Ein eintreffender Brief stürzt ihn aus allen Wolken. Alfred liest nur die ersten Worte: Violetta konnte den Lockungen des früheren

glanzvollen Lebens nicht länger widerstehen... Der eilig ein-
tretende Vater fängt den völlig Gebrochenen in seinen Armen
auf. Der Rest des Bildes ist Oper: Germont tröstet seinen Sohn
mit der großen Arie von Heimatliebe und Vaterzärtlichkeit,
mit bürgerlichem Familienidyll und ruhigem Leben. Aber
Alfreds Gedanken weilen nur bei Violetta. Als er die Einladung Floras entdeckt, ist er nicht mehr zu halten. Er muß der
Geliebten nach, muß seine Schmach und sein zerrrissenes Herz
an der kaltherzigen Kurtisane rächen, an der »Halbwelt«, die
sie verlockt hat, an der kupplerischen Flora, an dem reichen
Baron Douphol, dessen Drängen Violetta wohl nicht mehr
standhalten konnte oder wollte...

Zweites Bild: Wieder rafft die Oper, vereinfacht, wo der
Roman sich lange Zwischenberichte und bunte Szenen leisten
konnte. Das zweite Bild dieses (zweiten) Aktes spielt im Hause
Floras, wo es ähnlich zugeht wie im ersten Akt bei Violetta: die
»demimonde« ist versammelt, die großen Herrn und die ausge-
haltenen Kurtisanen, die Müßiggänger von Paris. Flora begrüßt
neuankommende Gäste und erwähnt, sie habe auch Violetta
und Alfred geladen, die sie jeden Augenblick erwarte. Der
Marquis wirft erstaunt ein, ob Flora denn nicht vom Bruch
zwischen den Liebenden erfahren habe? Dr. Grenvil kann dem
Gerücht kaum Glauben schenken: erst kürzlich hat er das
Liebespaar in seinem vollsten Glück besucht. Zu weiterer
Gesprächen bleibt keine Zeit, da zur Unterhaltung der Gäste
Maskentänze aufgeboten sind: Zigeunermädchen zuerst, später spanische Stierkämpfer, deren Darbietungen beifällig aufgenommen werden und hie und da zu anzüglichen Wortgefech-
ten unter den Anwesenden Anlaß bieten.

Die Gäste begeben sich zu den Spieltischen; da betritt Alfred
den Salon. Erstaunte Fragen nach Violetta beantwortet er kurz
und schneidend: er wisse nichts von ihr. Gaston hält die Bank,
Alfred und andere setzen. Da werden die Augen aller abge-
lenkt: Violetta erscheint am Arm des Barons Douphol, der ihr
befiehlt, sich Alfred nicht zu nähern, kein Wort mit ihm zu
wechseln; die gefährliche Spannung scheint sich zu legen. Der
Marquis zieht Douphol in ein Gespräch, Flora begibt sich mit
Violetta zu einem Sofa, sucht aus der Freundin herauszube-
kommen, was sich zutrug. Man vernimmt ihre leise Unterhal-

Das Zigeunerballett bei Floras Fest.
Aufführung der Bayerischen Staatsoper, München, 1975.
Regie: Heinz Schenk, Bühnenbild: Jürgen Rose

Das Duell am Spieltisch.
Szene aus einer Aufführung der Bayerischen Staatsoper, München
im April 1953.
Regie: Heinz Arnold, Bühnenbild: Helmut Jürgens

tung nicht, denn am Spieltisch geht es nun immer lauter zu.
Alfred gewinnt unaufhörlich und wird sichtlich unruhiger. Violetta zittert vor Erregung und Angst. Douphol nähert sich den
Spielenden, und im Nu ist die Kartenpartie zu einem Duell
zwischen ihm und Alfred geworden. Alfred gewinnt weiter, er
spielt wie in einem Wahnzustand. Flora unterbricht mit der
Einladung, Platz zum Diner zu nehmen. Der Baron kündigt an,
er werde nach Tisch Revanche verlangen, eiskalt und doch im
Innern bebend erklärt sich Alfred zu jeder Art Zweikampf
bereit. Die Gäste entfernen sich. Atemlos kehrt Violetta
zurück, fast unmittelbar folgt ihr Alfred. Vergeblich fleht Violetta ihn an, das Haus zu verlassen. Bange sie für ihren neuen
Liebhaber, ihren »Beschützer«, der ihr so unendlich viel mehr
bieten könne als er? Violetta will Alfred klar machen, daß sie
nur für ihn Angst empfinde, es nicht überleben könne, wenn
ihm etwas geschähe. Alfred erklärt sich bereit zu gehen, aber

nur unter der Bedingung, daß Violetta ihn begleite. Sie kann es ihm nicht zusagen, das seinem Vater gegebene Versprechen bindet sie, verpflichtet sie aber zugleich, Alfred nie etwas davon zu enthüllen. Alfred erregt sich immer mehr: wem sie denn zugesagt habe, ihn für immer zu verlassen? Violetta sucht nach einem Ausweg: dem, der ein Recht darauf habe. Alfred fragt in rasender Wut, ob es der Baron sei. Und Violetta zwingt sich mit äußerster Kraft zum falschen Geständnis: ja. Eine letzte Frage schleudert der Verlassene ihr ins Gesicht: »Also liebst du ihn?« Und noch einmal zwingt Violetta sich zur schmerzlichsten aller Lügen: ja. Sie, die einander lieben mit der ganzen Kraft ihrer Herzen und Sinne, zerfleischen einander ohne Gnade. Alfred, nun gänzlich außer sich, reißt die Türe zum Speisesaal auf, ruft die Festgesellschaft zu sich. Und im Angesicht aller läßt er sich zu einer schändlichen Handlung hinreißen, zu der ihn nur äußerste Sinnesverwirrung bringen kann: er schleudert Violetta das am Spieltisch gewonnene Geld ins Gesicht, um seine »Schuld« zu begleichen. Hat sie nicht ihr eigenes Besitztum verkauft, um mit ihm leben zu können? Und hat er nicht ihre Gunst genossen, ohne dafür bezahlen zu müssen wie andere? Die Gesellschaft ist wie gelähmt. Selbst die im Laster Ergrauten, die Skrupellosen, die Hasardeure und Ausbeuter fühlen, daß hier etwas Ungeheuerliches geschieht. Und sie rücken von Alfred ab, sie drücken ihm ihre Verachtung aus, sie weisen ihn aus dem Hause.

In diesem Augenblick tritt – großartige Theaterszene! – Alfreds Vater ein und mitten unter die aufgebrachte Gesellschaft. Würdevoll trotz seiner mühsam unterdrückten Empörung weist er den Sohn zurecht, der in Scham und Reue zusammenbricht. Er kann Violettas flehende Worte nicht hören, die von ihrer unwandelbaren Liebe sprechen. Verstört verlieren sich die Gäste, stumm folgt Alfred dem Vater, ihrer selbst nicht mehr mächtig, muß Violetta von Freunden behutsam aus dem Saal geleitet werden.

Das bestürzende Erscheinen Vater Germonts (Hermann Prey) bei Floras Fest. (Aufführung der Bayerischen Staatsoper, März 1965. Regie: August Everding, Bild: Jörg Zimmermann)

Ileana Cotrubas in der Titelrolle.
(Aufführung der Bayerischen Staatsoper, München, 1975.
Regie: Otto Schenk)

DRITTER AKT

Das vierte und letzte Bild der Oper führt in das armselig gewordene Schlafgemach Violettas. Alles Wertvolle ist längst veräußert, man glaubt die noch unbezahlt gebliebenen Schulden förmlich zu fühlen. Violetta ist fast bis zur Unkenntlichkeit entstellt, die Lungenkrankheit hat sie an das Lager gefesselt, von dem sie sich wohl nie mehr wird erheben können. Die treu gebliebene Zofe zieht die Vorhänge auseinander, der Arzt kommt – wie täglich. Violetta zeigt sich ihm heute ein wenig gefaßter; der Besuch eines Priesters – wohl zur Beichte – hat sie beruhigt; oder ist es der Inhalt eines Briefes, den sie erhielt und noch niemandem mitgeteilt hat? Annina wechselt mit Dr. Grenvil einige leise Worte: Es gibt keine Hoffnung mehr, in wenigen Stunden werde die Schwindsucht ihr grausames Werk vollendet haben.

Fröhlicher Lärm dringt von draußen herein; auf den Straßen von Paris hat der Karneval begonnen. Violetta erkundigt sich, wieviel Geld noch im Hause sei: Annina möge die Hälfte der recht kleingewordenen Summe den Armen überbringen. Kaum ist sie allein, sucht Violetta den zwischen ihren Kissen versteckten Brief hervor und liest ihn für sich, wie sie es nun immer wieder zu tun scheint: Vater Germont schreibt ihr, er habe Alfred, der nach einem Duell mit dem Baron ins Ausland gereist sei, zurückgerufen, um ihm alles zu sagen. Sicher werde der Geliebte auf schnellstem Wege zu ihr eilen. Violetta weiß, daß jede Hoffnung vergebens ist. Könnte sie nur leben, um Alfred noch einmal in die Arme zu schließen! Draußen tobt laut und immer ausgelassener der Karneval vorbei. Da tritt Annina ein, kaum hat sie noch Zeit, den Besucher anzukündigen, dann ist Alfred da.

Umarmungen, Liebesworte, Schwüre, Pläne für eine Zukunft, die es nicht mehr geben kann, Augenblicke unsagbarer, höchster Seligkeit. (Ein Wiedersehen, das in Dumas' Roman nicht enthalten ist, aber dem Theaterstück wie auch der Oper höchste Wirksamkeit verleiht.) Violetta will sich erheben, ankleiden, mit Alfred forteilen in ein neues Leben. Aber ihre Kräfte reichen nicht mehr aus. Vater Germont und der zurückgerufene Arzt Dr. Grenvil finden eine Sterbende. Germonts Selbstanklagen und Reue erleichtern Violettas letzte Augenblicke,

Violetta (Ileana Cotrubas) mit Alfred (Giacomo Aragall) in der
Schlußszene. Bayerische Staatsoper, München, 1975

doch ihr Fühlen und Denken gehört nur noch dem Geliebten, dem Einziggeliebten ihres Lebens. In dessen Armen, unter zärtlichen Worten und den letzten Liebesblicken haucht Violetta ihre Seele aus.

Zur Geschichte der »Traviata«

In den für seinen Weltruhm entscheidenden Jahren 1851 und 1853 soll *Verdi* nach jeder Uraufführung eines seiner damals entstandenen drei Werke einen Baum im Park seines geliebten Gutes Sant'Agata gepflanzt haben: eine Platane beim Triumph des »Rigoletto«, eine Eiche nach dem Jubel des römischen Publikums über den »Troubadour« und eine Trauerweide nach der beschämenden Nacht des 6. März 1853, in der »La Traviata« vom Publikum des altberühmten »Teatro La Fenice« in Venedig verlacht und ausgepfiffen wurde. Das wären, wenn diese Anekdote die Wahrheit berichtet, des Meisters einzige bekanntgewordene Gefühlsregungen nach Erfolgen oder Mißerfolgen seiner Opern.

Neben der Mailänder Scala ist die schöne und traditionsreiche »Fenice« (»Phönix«) – was durchaus sinnreich ist, da dieses Theater mehrmals in seiner Geschichte ein Raub der Flammen wurde, aber stets wieder neu und herrlicher als zuvor aus der Asche erstand – die wichtigste Uraufführungsstätte der Werke *Giuseppe Verdis* gewesen. Nicht weniger als fünf seiner Opern (»Ernani« 1844, »Attila« 1845, »Rigoletto« 1851, »La Traviata« 1853, »Simone Boccanegra« 1857) erklangen dort zum ersten Mal, und man darf von fünf wichtigen, zum Teil entscheidenden Werken sprechen. Drei gestalteten sich zu Siegen, doch »La Traviata« und »Simone Boccanegra« wurden vom Premierenpublikum nicht verstanden. »La Traviata« wurde vierzehn Monate nach der Niederlage, am 6. Mai 1854, in einem anderen venezianischen Theater glänzend rehabilitiert; das genuesische Dogendrama hingegen mußte rund ein Vierteljahrhundert – bis 1881 – warten, bis die textliche Straffung durch den genialen Dichterkomponisten *Arrigo Boito* diesem, *Verdi* besonders ans Herz gewachsenen Drama zur endgültigen Anerkennung verhalf.

Verdi dürfte im Jahre 1851 den schnell berühmt gewordenen Roman »Die Kameliendame« (»La dame aux camélias«) des französischen Schriftstellers *Alexandre Dumas Sohn* gelesen haben, der 1848 großes Aufsehen erregt hatte. Dachte er schon an eine Vertonung? Viele seiner Biographen nehmen es an.

176

Alexandre Dumas (Sohn),
Autor des Romans und Theaterstücks
»Die Kameliendame«

Daß er davon gepackt war, steht außer Zweifel. Persönliche und künstlerische Gründe mögen dazu in kaum auseinanderzuhaltender Mischung beigetragen haben. Er lebte nun seit Jahren mit *Giuseppina Strepponi,* die seinerzeit – im Jahre 1842 – in der wichtigen Rolle der Abigail seinem frühen »Nabucco« zu einem so starken wie bedeutungsvollen Anfangserfolg verholfen hatte. Aus der beruflichen Zusammenarbeit war Liebe geworden. *Giuseppina* verließ die Bühne, auf der sie es zur gefeierten Primadonna gebracht hatte. Sie gab ihr bisheriges Leben auf, in dem sie die Geliebte des Impresarios der Scala gewesen war und ein uneheliches Kind geboren hatte: um dem

177

Giuseppina Strepponi,
Verdis Lebensgefährtin und Gattin

jungen Opernkomponisten *Verdi* zu folgen, dessen Zukunft
voller Kämpfe schien und ungewiß war, dessen Einsamkeit sie
spürte – die junge Gattin und ihrer beider Kinder waren in
kurzer Folge gestorben – und dem sie Gefährtin für immer
werden wollte. *Giuseppina* war auch niemals eine »Kameliendame«, keine Lebedame, wie *Dumas* sie in Marguerite Gautier
schilderte. Sie hatte sicherlich nichts mit jener »Halbwelt« zu
tun (wie *Alexandre Dumas* die hohle, vergnügungstolle, nur auf
materialistische Genüsse ausgerichtete Welt der obersten
Müßiggängerschicht im dekadenten Paris in seinem darauffolgenden Roman nannte: »Demimonde«), da sie eine viel zu
ernste Künstlerin war, um je als »ausgehaltene Frau« gelten zu

178

dürfen. Aber sie besaß in den Augen der Kleinbürger ein »Vorleben«, gerade wie jene Romanfigur, und *Verdi* hatte lange und heftig genug gegen dieses Vorurteil anzukämpfen, um der geliebten Frau die Achtung zu verschaffen, die sie verdiente. Berührte ihn der Stoff der »Kameliendame« tiefer als andere, weil es da, wenn auch nur angedeutet, eine Verbindung mit seinem eigenen Leben geben konnte?

Zweifellos aber packte ihn der Inhalt, weil er eine Ausweitung der bisherigen dramatischen Möglichkeiten bedeutete. Hier lag ein Stoff aus der Gegenwart, hier waren Menschen der eigenen Zeit geschildert, brennende soziale Probleme und politische Fragen wurden angeschnitten –, wie etwa die Stellung der Frau, ihre rechtlich unanfechtbare Erniedrigung zur käuflichen Ware. Aber auch, was *Verdi* besonders ergriffen haben mußte, ihre Läuterung durch die Liebe. Neue, erregende Themen für das Musiktheater, die einen durchaus nicht konservativen Künstler wie *Verdi* aufs lebhafteste interessieren mußten.

Giuseppina war *Verdi* gefolgt, obwohl sie höchstens sein Genie, keinesfalls aber seinen Ruhm und weniger noch seinen künftigen Reichtum ahnen konnte. Sie liebte den Menschen in ihm und war bereit, um dieser Liebe willen dem äußerlichen Glanz ihres vorherigen Lebens zu entsagen. Nicht anders, als Marguerite, die Pariser »demimonde«, es in *Dumas'* Roman erlebt, als sie in Armand Duval zum ersten Mal in ihrem Leben der wahren Liebe begegnet. Diese Liebe läßt sie hoch über ihr vorheriges Kokottentum hinauswachsen, verleiht ihr die Fähigkeit zum fast übermenschlichen Opfer. Sie wird – mit einem Wort, das es in dieser Art von Stoffen nicht gibt – zur Heroine, zur wahren Heldin. Und das Heldentum krönt ihr Leben, beendet es aber zugleich –, und da wird die Geschichte der Kameliendame auf einmal *Verdis* anderen Opernthemen verwandt: den vielen, von ihm schon auf die Bühne gezauberten Heroinen, die im Tod ihre volle Größe erweisen. Heroen leben nicht – wer weiß, ob sie es sonst wären –, sie sterben. Marguerite Gautier stirbt nach der einzigen großen, heroischen Tat ihres Lebens. *Verdi* wird bei Vertonung der »Traviata« auf eigenem und doch zugleich auf neuem Grund stehen.

Im übrigen dürfte *Verdi* sich, zumindest im Unterbewußten, danach gesehnt haben, einer verlogenen Gesellschaft den Spiegel vorzuhalten, sich und die geliebte *Giuseppina* zu rächen an Kleinlichkeit, Bösartigkeit und Falschheit, wie die beiden sie im heimatlichen Busseto oft und schmerzlich erfahren hatten. Dessen führende Kreise hatten der »Maîtresse« – zuvor ihres Theaterchefs, jetzt *Verdis* – nichts anderes als Geringschätzung, ja Verachtung entgegengebracht; und selbst *Antonio Barezzi*, Freund und Wohltäter *Verdis* aus vergangenen Tagen, hatte sich zeitweise diesem üblen Chor zugesellt und seinem einstigen Schwiegersohn *Verdi* einen bösen Brief geschrieben. Hoffte *Verdi* mit der Vertonung der »Kameliendame« zur »Ehrenrettung« *Giuseppinas* beitragen zu können? Er wußte, daß die Gefährtin durch ihren Schritt aus allen früheren Bindungen herausgetreten war, daß sie nun nichts und niemanden mehr besaß als nur ihn allein. Die Kollegen von einst verstanden sie nicht, die eine brillante Karriere, eine einflußreiche Stellung aufgegeben hatte, um irgendwo in der ländlichen oder schlimmer noch: provinziellen Einsamkeit mit einem Mann zu leben, von dem in jenem Zeitpunkt noch nicht allzuviele überzeugt waren. Und die neue Umwelt mißachtete sie, weil sie an die Gefühle einer »solchen« Frau nicht zu glauben vermochte und sich eine »Abenteurerin« vorstellte, wo es nichts anderes als eine tief liebende Frau gab.

So hatte *Verdi* seine Bemühungen verstärkt, aus der Enge der Kleinstadt Busseto herauszukommen, in der er seine Jugend verlebt, *Marguerita Barezzi* geheiratet und mit ihr und zwei ihnen geborenen Kindern einige wenige glückliche Jahre verbracht hatte. Im Jahre 1844 hatte er Sant'Agata gekauft, einen damals kleinen und unbedeutenden Sitz unweit Bussetos, von diesem nur durch einen Flußarm getrennt. Eine Brücke führte zwar hinüber, aber *Verdi,* der ununterbrochen etwas an seinem Gut verbesserte, Land dazukaufte, Felder anlegte, Bäume pflanzte, einen künstlichen See schuf mit Schwänen darauf, die er liebevoll hegte, der Pferde züchtete, Bewässerungsanlagen mauerte, dieser geborene Landwirt *Verdi* weigerte sich erbittert, jene Brücke instandzuhalten. Am liebsten hätte er sie, einem mittelalterlichen Ritter gleich, in eine Zugbrücke verwandelt, über die nur der schreiten könnte, dessen Besuch ihm und *Giuseppina* genehm war. Das aber waren nur wenige, und die wenigsten kamen aus Busseto.

Verdis Besitz Sant' Agata grenzt an einen Nebenarm des Po

Nach dem Triumph des »Rigoletto« in Venedig am 11. März 1851 wurde *Verdi* begreiflicherweise von den Bühnen seines Vaterlands mit Anträgen überhäuft. Zwei davon schienen ihm vor anderen der Beachtung wert. Er schloß mit Rom die Uraufführung des »Trovatore« ab[1] und trat von neuem mit der »Fenice« Venedigs in Verbindung, die sich ein neues Werk aus seiner Feder wünschte. Er bestätigte das in einem Brief vom 4. Februar 1852: »Wenn ich wieder etwas für Italien komponieren soll, so wünsche ich mir nichts Besseres, als es für Venedig zu tun.« Aber für den endgültigen Abschluß fehlt noch etwas sehr Wichtiges: »Der sehr geehrte Herr Präsident (des Teatro

[1] Vergl. Serie Musik Nr. 8027 »Der Troubadour«

La Fenice) wird verstehen, daß ich keinen Vertrag unterschreiben kann, ohne das Ensemble zu kennen, das mein Werk aufführen soll . . .« In jener Zeit (wie heute übrigens auch noch) gab es in Italien kein festengagiertes Theaterpersonal, kein Ensemble, das – wie auf deutschen Bühnen damals selbstverständlich – zumindest für ein Jahr, zumeist aber viel länger verpflichtet war. Für jedes neue Werk oder wenigstens für jede der kurzen, oft nur zwei Monate dauernden Spielzeiten wurden neue Sänger engagiert, wenn möglich schon mit besonderer Eignung für die Rollen, die ihnen bei dieser Gelegenheit zugedacht waren. Dieses »Stagione-System« hatte einen ständigen Wettkampf der Theater um führende Sopranistinnen (»Primadonnen«, also »prime donne«, erste Damen oder erste Sängerinnen, erst später mit dem Beiklang des launenhaften Stars behaftet –, oder doch schon damals?) und die besten Tenöre zur Folge.

Von der Stoffwahl ist noch keine Rede. Vielleicht denkt *Verdi* bereits an die »Kameliendame«, aber er verrät es dem Theater noch ziemlich lange nicht und erwägt auch tatsächlich andere Texte. Vielleicht erscheint ihm der moderne Stoff doch noch als zu ungewohnt, zu fern der Tradition der italienischen – aber auch jeder anderen – Oper. Immerhin läßt das brennende Interesse, das er in der Folgezeit für das Engagement einer ganz besonders geeigneten Sopranistin zeigen wird, darauf schließen, daß er an ein Werk denkt, in dem dieser Frau die alles entscheidende Hauptrolle zufallen soll. Mehr noch, er wird eine Sängerin verlangen, die jung und schön sein müsse, sowie eine besonders gute Darstellerin. Dann sieht er in Paris die von *Dumas* selbst verfertigte Bühnenfassung der »Kameliendame«, und dieser Abend muß in ihm die Entscheidung zugunsten dieses Stoffes endgültig herbeigeführt haben.

Im erwähnten Brief vom 4. Februar 1852 an den Fenice-Präsidenten *Marzari* stehen noch folgende Sätze: ». . . Unter den gegenwärtigen Primadonnen ragt die Albertini hervor; ich habe sie nie gehört, aber sie weist solche Leistungen auf, daß unser Erfolg wohl gesichert wäre. Ich glaube, daß sie es gerne sähe, wenn ich mein neues Werk für sie schriebe, aber man müßte sie schleunigst verpflichten . . .« Das Theater geht auf die Anregung nicht ein, es scheint seine Engagements für die Karnevalssaison 1853 bereits getätigt zu haben. Die Frage der Hauptdarstellerin in *Verdis* zukünftiger Oper aber wird diesem und der Fenice noch viele Sorgen bereiten.

Am 20. Februar behandelt der Komponist in einem erneuten Schreiben diese Frage. Er bestreitet die von *Marzari* erwähnte Möglichkeit, die sehr berühmte *Cruvelli* engagieren zu können; denn er weiß, daß diese für drei Jahre fest in London und Paris verpflichtet ist. Hingegen schlägt er wieder andere Namen vor: die *Medori,* die in Petersburg Triumphe feiert und von der er viel Ausgezeichnetes gehört hat. Sollte sie nicht frei sein, käme die *Barbieri* in Frage. Weniger – »unter uns«, wie er hinzufügt – die *Gazzaniga:* »Ich habe für sie zwei sehr große Partien geschrieben: in ›Luisa Miller‹ und in ›Stiffelio‹, und ich war gar nicht zufrieden mit ihr. In Bergamo ist ›Rigoletto‹ entsetzlich durchgefallen (un ›fiasco spaventoso‹), hauptsächlich (›causa principalissima‹) durch ihre Schuld . . .« Dies sei zumindest des in Bergamo anwesenden Textdichters *Francesco Maria Piave* Ansicht gewesen, auf den beide große Stücke halten: er ist einer der führenden Männer an der Fenice – in der jetzt nicht mehr existierenden Eigenschaft eines »Librettisten vom Dienst« und Vorläufers des heutigen Dramaturgen – und er ist *Verdis* hauptsächlicher und hochgeschätzter Mitarbeiter jener Jahre: die Textbücher von »Ernani«, »I due Foscari«, »Macbeth«, »Il Corsaro«, »Stiffelio« und »Rigoletto« stammen aus seiner inspirierten und routinierten Feder. Da das neue Werk, von dem die Rede ist, wieder für die Fenice bestimmt sein sollte, unterlag es keinem Zweifel, daß wiederum *Piave* sein textlicher Bearbeiter sein würde.

Die Namen der meisten damaligen Sänger bedeuten uns heute nichts mehr, so populär sie damals auch gewesen sein mögen. Einige wenige haben, vor allem als Interpreten *Verdis*, Nachruhm errungen: die *Stolz*, die *Waldmann*, die *Pantaleoni* neben den legendären Primadonnen *Grisi, Pasta, Malibran* einer noch früheren Zeit. *Verdi* besteht auf der Lösung der Sängerinnenfrage: »Sorgen Sie bitte, sehr geehrter Herr Präsident, für die möglichst rasche Bildung der Truppe, unser Vertrag wird dann mit zwei Worten erledigt sein.« Wieder schlägt *Marzari* Namen vor, wieder zeigt *Verdi* sich ablehnend. *Verdi* ist anspruchsvoll geworden, es drückt sich in seinen steigenden Honoraren aus –,

für »Aida« im Jahre 1871 wird er dann das höchste Autorenho-
norar der Operngeschichte beziehen: 100 000 Goldfrancs –,
aber nicht minder in seinen Anforderungen an die Sänger.
Zwar wählt er hier stets die Worte, die Sängerin müsse »der
Fenice würdig sein«, aber er meint mindestens ebensosehr, sie
müsse seiner und seines neuen Werkes (von dem es übrigens
noch keine Note gibt), würdig sein, dessen hervorragendste
Interpretin. Auch am 14. April 1852 – es fehlen höchstens noch
elf Monate bis zur vereinbarten Uraufführung im Karneval
1853 – ist die Sache noch zu keiner Lösung gediehen: »Ich
beeile mich, Ihr geschätztes Schreiben vom 10. d. M. zu beant-
worten. Bezüglich der Sängerinnen sage ich Ihnen offen, daß ich
in keine der drei, die Sie vorschlagen, Vertrauen habe. Ich weiß,
wie schwer es in diesem Augenblick ist, eine erstklassige Primadonna zu finden, aber Sie, Herr Präsident, müssen alles in Ihren
Kräften stehende tun, um eine zu finden, die gemeinsam mit dem
Tenor und dem Bassisten das Dreigestirn vervollständigen und
den hohen Ansprüchen der Fenice gerecht würde . . .«
Denkt *Verdi* nicht schon an die künftige »Traviata«, als er von
drei Hauptsängern spricht? Er schreibt »Baß«, und es wäre
denkbar, daß er für den Vater des jugendlichen Liebhabers
Armand Duval (in der »Kameliendame«) diese Stimmlage in
Aussicht genommen hat. Es ist aber auch möglich, daß »Bas-
sist« hier nur für »tiefe männliche Stimme« steht, zu denen der
schließlich gewählte Bariton auch gehört. In damaliger Zeit
waren die »Register« noch lange nicht so scharf gegeneinander
abgegrenzt wie heute; ja, es gab noch Fälle (die uns heute
beinahe unglaubhaft scheinen), in denen Männerstimmen von
drei Oktaven Umfang sowohl Tenor- wie Baßrollen singen
konnten, und das gleiche wird von Primadonnen berichtet, die
im Sopran- wie im Altfach gleichwertig einsetzbar waren.
Als die Frage auch im nächsten Monat noch in Schwebe war,
unterzeichnete *Verdi* den Vertrag trotzdem und schickte ihn am
9. Mai 1852 nach Venedig: »Herr Präsident, über den mir
zugesandten Vertrag gibt es nichts zu bemerken, darum schicke
ich ihn unterschrieben zurück. Es bleibt mir nur hinzuzufügen,
daß ich mich glücklich schätze, nun zum vierten Mal mit einem
neuen Werk in Venedig zu Wort zu kommen . . .« Der Vertrag
enthält die üblichen Bestimmungen. So auch, der Komponist

müsse das von ihm gewählte Libretto rechtzeitig dem Theater einsenden. Als Termin hierfür wird Mitte August vereinbart. Die Klausel ist nicht unwichtig und schon gar keine Formsache: *Verdi* und die Fenice haben diesbezüglich die schmerzliche Erinnerung an »Rigoletto« noch sehr gegenwärtig, der nur nach langem Kampf und unter schärfsten Auflagen die österreichische Zensur im damals habsburgischen Venetien passierte. Doch *Verdi*, der sonst so pünktliche, kann die für die Einreichung des Textbuchs vereinbarte Frist nicht einhalten. Die Fenice gewährt ihm einen Aufschub von zwanzig Tagen. Doch auch der genügt nicht. Der Grund ist nicht recht erkennbar. Erwägt *Verdi* mit *Piave* immer noch verschiedene mögliche Stoffe? Ist »Die Kameliendame« nicht schon eine abgemachte Sache? Vielleicht ist sie es für *Verdi* längst, aber er hat der Fenice von diesem Plan bisher nichts mitgeteilt. Sind es die Bedenken wegen der Titelpartie? Will er die »Kameliendame« davon abhängig machen, ob er die richtige Interpretin für sie bekommt? Was immer es sein mag, er schreibt am 26. Juli 1852 nach Venedig: »Ich muß Ihnen danken für die spontane Verlängerung um zwanzig Tage für die Einreichung des Librettos, aber ich muß leider sagen, daß diese nicht genügt. Piave hat mir bis jetzt keinen Stoff vorgeschlagen, der mir originell und interessant genug erscheint, wovon zum großen Teil der Erfolg abhängt. Es ist also notwendig, immer weiter zu suchen. Ich muß sagen, daß die Wahl äußerst schwierig ist, weil ich einerseits keines der gewöhnlichen Textbücher vertonen will, die sich zu Hunderten finden, andererseits es Schwierigkeiten mit der Zensur zu vermeiden gilt und schließlich das Ensemble mittelmäßig ist. Gäbe es in Venedig eine Sängerin für höchste Ansprüche, so hätte ich einen Stoff bereit, der sichere Wirkung verspricht. Aber da die Dinge nun einmal so sind, wie sie sind, muß ich weiter nach etwas Geeignetem suchen, und das braucht Zeit. Geben Sie mir darum eine weitere Verlängerung um einen Monat, also bis Ende September. Sie können das ruhig tun, denn die Oper wird totsicher fertig und dem Theater werden durch mich keine Schwierigkeiten erwachsen . . .«
Die Suche bleibt ergebnislos. Sie muß es wohl, denn innerlich ist *Verdi* längst auf die »Kameliendame« eingestellt und wünscht sich gar kein anderes Libretto mehr. Er brennt darauf,

an diese Aufgabe zu gehen, denn der Stoff fasziniert ihn wie selten einer. Er zerbricht sich, freudig beinahe, den Kopf darüber, wie er Menschen seiner eigenen Zeit auf der Bühne singen lassen, wie er das gesellschaftliche Treiben dieser spezifischen, frivolen, äußerlich glänzenden, innerlich morschen und im tiefsten unmoralischen Schicht der führenden Weltstadt in Klänge fassen soll. Es ist eine durchaus neue Aufgabe, die ihn besonders reizt. Der Auftrag an *Piave* ist rasch erteilt, nachdem der Entschluß feststeht. Dessen Aufgabe ist dieses Mal gar nicht so schwierig: Er hat ein glänzend funktionierendes Theaterstück zur Grundlage; der Autor des Romans hat sich ja selbst als hervorragender Dramatiker erwiesen, die Schlüsselszenen des natürlich vielschichtigeren und mehr Personen umfassenden Romans sehr konzentriert auf die Bühne gestellt, die Atmosphäre einzufangen gewußt und dem Zuschauer eine Tragödie vor Augen geführt, die ihn erschüttern, erregen und zum Weinen bringen mußte. *Piave* hatte diesen Vorwurf nur noch für die Opernbühne einzurichten: Raum für große Gesangsstücke zu schaffen, den Text um mehr als die Hälfte zu kürzen – ohne Wesentliches fortzulassen –, Situationen, deren Stärke im Wort liegt, bildhaft sinnfällig zu machen. Es wurde eins von *Piaves* besten Libretti.
In den nächsten Wochen wird »Il Trovatore« gefördert, seine Aufführung in Rom steht bevor. *Verdi* reist in die »Ewige Stadt« und nimmt seine »Peppina« (wie sie allgemein von Freunden genannt wird) nicht mit. Sie hat einmal eine grausame Niederlage *Verdis* in einem zischenden, tobenden Theater miterlebt, und *Verdi* möchte sie einem solchen Ereignis, das sie stärker berührte als ihn, nicht noch einmal aussetzen. Vielleicht fühlt er sich auch durch ihre Anwesenheit bei den letzten Proben ein wenig gehemmt, besonders wenn er, was nicht selten vorkommt, dabei Wutanfälle bekommt. Völlig unwahrscheinlich hingegen ist die Erklärung, er wolle sich mit ihr nicht in der Öffentlichkeit zeigen, da sie »nur« seine Geliebte ist, – ein Zustand, dem er erst 1859, nach ungefähr sechzehnjährigem Zusammenleben, im kleinen Kirchlein von Collongessous-Salève, im damals italienischen Savoyen nahe dem Genfer See durch eine ohne jede Öffentlichkeit durchgeführte Trauung ein Ende bereitet. Er hat seit jeher das Zusammenleben als

seine und *Giuseppinas* Privatsache betrachtet, in die niemandem eine Einmischung zustehe. Niemals hatte er sich bereit gezeigt, in diesem Punkt der herrschenden Gesellschaft und besonders der Moralauffassung seines Landes die mindeste Konzession zu machen.

Er reist mit *Giuseppina* von Sant'Agata ab, gemeinsam besteigen sie ein Schiff in Genua und kommen in Livorno an, wo *Peppina* bei ihrem Sohn *Camillo*, genannt *Camillino*, bleibt. Zärtliche Briefe, die sie *Verdi* nach Rom schreibt, gehören zu den wenigen erhaltenen des Paares. *Peppina* gibt ihrem *Verdi* Kosenamen, nennt ihn »mago«, den Zauberer – oder sogar »den großen Zauberer« – oder »pasticcio«, was wörtlich »Pastete« bedeutet, auch ein musikalischer Ausdruck für ein aus verschiedenen Quellen oder Händen zusammengestelltes Stück bedeutet, als Kosewort aber wohl einen anderen, dem Außenstehenden unbekannten Sinn haben dürfte. Als Schlußformel ihrer Briefe schreibt sie gern: »Un bacio sul cuore«, (»einen Kuß aufs Herz«).

Dann ist der Sieg erfochten, einer der lautstärksten und bis heute anhaltenden im Leben *Verdis*. Rom hat seinen »Troubadour« stürmisch gefeiert. Bis Livorno reist der Meister wieder allein zurück, von dort mit *Peppina* auf dem Dampfer nach Genua. Trotz heftiger Stürme und allgemeiner Seekrankheit kann *Verdi* an seiner neuen Oper arbeiten. Sie wird nun, um Verwechslungen mit dem Drama aus dem Wege zu gehen, »La Traviata« heißen: »Die Entgleiste« oder »Die vom rechten Pfad Abgeirrte«. *Dumas'* Theaterstück erobert, ein Jahr nach seiner Pariser Premiere, die Theater aller Städte der Welt. Die größten Schauspielerinnen der nächsten Generationen werden sich darum reißen, die »Kameliendame«, Marguerite Gautier, darzustellen, so *Sarah Bernhardt* und *Eleonora Duse*. Für die Oper sind *Verdi* und *Piave* übereingekommen, auch die Namen der Figuren zu ändern. Aus Marguerite Gautier wird Violetta Valéry, aus Armand Duval wird Alfredo Germont, und anders werden in der Vertonung auch einige andere Gestalten heißen. Die Arbeit an der »Traviata« fließt *Verdi* mit einer Leichtigkeit aus der Feder, wie bei wenigen seiner Werke. Es heißt, er habe die gesamte Oper in nur sieben Wochen komponiert. Manches schreibt er in der Eile gar nicht aus, skizziert es nur und setzt dann einfach »usw.« hinzu, so als sei es nach den ersten acht Takten einer Melodie klar, wie die folgenden acht werden müßten. Darf man annehmen, daß *Verdi* vieles aus der »Traviata« schon zuvor, während der Arbeit am »Troubadour«, entworfen und möglicherweise im Kopf behalten hatte? So wie *Mozart*, von dem der berühmte Satz stammt, mit dem er den Vater kurz vor einer seiner Opernpremieren beruhigte: »Komponiert ist es längst, ich muß es nur noch niederschreiben«? *Verdi* dürfte wohl auf einer Mittellinie zwischen *Mozart* und *Beethoven* liegen, zwischen dem unheimlichen Gedächtnis des Salzburgers, der jeden seiner tausend Einfälle im Kopf behielt, und dem oft quälenden Kampf des Bonners, der die meisten seiner Gedanken erst durch langes Formen am Klavier endgültige Gestalt annehmen ließ.

Peppina hatte sich von ganzem Herzen auf Sant'Agata gefreut, auf die Stille, auf die Nähe des Geliebten, auf das »gemeinsame Bett« (wie sie in einem ihrer Briefe schreibt). *Verdi* wohl nicht weniger, wenn er es vielleicht auch nicht so deutlich auszusprechen imstande ist. Vielleicht –, denn genau kann es niemand wissen: Alle Briefe des Meisters an *Peppina* wurden wunschgemäß bei seinem Tod vernichtet. Am 27. Januar 1853 sind sie wieder daheim, vier ruhige Wochen scheinen vor ihnen zu liegen, bevor der Maestro sich zu den letzten Proben der »Traviata« nach Venedig begeben muß. Die Zensur hat diesmal nichts auszusetzen. Daß »La Traviata« (und vor allem »Die Kameliendame«, die ihr zugrundeliegt) im Grunde ein tiefpolitisches Sujet ist, entgeht ihr, oder die Dekadenz der in Frankreich führenden Oberschicht interessiert sie nicht. Sie prüft nur, ob sich »Revolutionäres« in den Texten verbirgt; die moralische Seite berührt sie weniger, seit *Maria Theresias* Tagen und ihrer Sittenkommission ist ein Jahrhundert vergangen. Zudem ist das Textbuch der »Traviata« keineswegs unmoralisch; im Gegenteil, müßte man sogar sagen. Eine Erlösung durch die Liebe, eine Läuterung durch echtes Gefühl, das müßte in höchstem Grade moralisch sein. War es nicht, nebenbei gesagt, das Lieblingsthema des Rivalen *Richard Wagner*, von dem die Musikkreise Europas zu sprechen begonnen hatten –, wenn auch zumeist in negativem Sinne? Noch wußte

Verdi so gut wie nichts von ihm, kannte weder »Rienzi«, noch den »Fliegenden Holländer«, nicht »Tannhäuser«, noch den 1850 durch *Liszt* in Weimar uraufgeführten »Lohengrin«.
Kaum heimgekehrt in das nun von Winternebeln eingehüllte Sant'Agata, erleidet *Verdi* einen ungewöhnlich starken rheumatischen Anfall, der ihm vor allem den rechten Arm fast völlig lähmt. Trotzdem schreibt er, unter Aufgebot aller Kräfte, an seiner neuen Oper. Briefe allerdings diktiert er und setzt nur seinen Namenszug darunter. So auch jenen, der am 30. Januar 1853 an das Teatro La Fenice nach Venedig abgeht: *Verdi* wehrt sich mit aller Kraft gegen die von der Direktion des Theaters vorgeschlagene Sopranistin *Salvini-Donatello* und bringt – fünf Wochen vor der Premiere! – wieder drei andere Namen ins Spiel: ». . . Die einzigen Frauenstimmen, die mir zusagen würden, wären: 1. Frau Penco, die in Rom singt, 2. Frau Boccabadati, die gegenwärtig für ›Rigoletto‹ in Bologna engagiert ist, und schließlich Frau Piccolomini, die im Augenblick in Pisa auftritt. Die Penco (die einzige, die ich von diesen Sängerinnen persönlich kenne) wäre, glaube ich, die beste. Sie hat eine schöne Gestalt, besitzt Seele und ist eine gute Schauspielerin –, beste Eigenschaften also für die Traviata. Sie ist in Rom und könnte sofort unterschreiben . . . Ich bin immer noch krank an meinem Arm, doch hoffe ich, daß es nur ein vorübergehendes Leiden sei . . .« Trotzdem erwägt *Verdi* die Möglichkeit einer Verschiebung oder gar Absage der neuen Oper und bietet für diesen Fall »ärztliche Zeugnisse« an, die seine Krankheit bescheinigen sollen. In Wahrheit bewegt ihn zu diesem Gedanken weniger der schmerzende Arm als die leidige venezianische Primadonnenfrage und eine natürliche Abneigung gegen die *Salvini-Donatello*, die sich bald – wenn auch viel zu spät – als prophetisch herausstellen wird.
Im gleichen Brief steht auch, *Piave* habe immer noch nicht die letzte Feile an das Textbuch legen können. Darum schlägt *Verdi* vor, das Teatro La Fenice möge ihn für einige Tage freigeben, so daß er unverzüglich nach Sant'Agata reisen könne. So geschieht es auch. Nun geht die gemeinsame Arbeit flotter von der Hand, aber *Verdis* große Freude an der neuen Oper will sich im Augenblick nicht mehr so einstellen, wie er sie einen Monat vorher einem der guten Freunde, *Cesare de Sanc-*

tis, in Neapel mitgeteilt hatte: ».. . Ich werde in Venedig die
›Kameliendame‹ aufführen, die bei mir vielleicht den Titel ›La
Traviata‹ bekommen soll. Ein Gegenwartsstoff. Ein Anderer
hätte das möglicherweise nicht komponiert, wegen der zeitgenössischen Kostüme, wegen der dargestellten Epoche und
wegen weiterer dummer Vorurteile. Ich hingegen tue das mit
größter Freude. Alles schrie auf, als ich vorschlug, einen Buckligen auf die Bühne zu bringen; ich aber war glücklich, als ich
›Rigoletto‹ schrieb...«
Es bleibt eine seltsame Tatsache, daß alle drei Opern, die
Verdis endgültigen Durchbruch zu Meisterschaft und Ruhm
besiegeln, in ihren Hauptrollen Außenseitergestalten der
menschlichen Gesellschaft auf die Bühne bringen: den verwachsenen Hofnarren, der gezwungen ist, ein Doppelleben zu
führen; die von Rachegedanken besessene Zigeunerin Azucena im »Troubadour«; und nun die Lebedame der Pariser
Demimonde, deren reine Liebeskraft über Schmarotzertum
und Korruption ihrer Umwelt siegt, wenn auch endgültig erst
im Tode.
Während *Piaves* Anwesenheit in Sant'Agata diktiert *Verdi* ihm
einen Brief an die Fenice: ». . . Das Theater hat gesetzlich recht,
das muß ich zugestehen, aber künstlerisch ist es im Unrecht.
Denn nicht nur die Salvini, sondern die ganze Truppe ist der
Fenice unwürdig... Ich weiß nicht, ob meine Krankheit mir
erlauben wird, die Oper zu vollenden, und darum ist es im
Augenblick unwichtig, ob ein neues Ensemble engagiert wird.
Aber ich erkläre, daß ich im Falle die Oper gegeben wird,
keinen Erfolg erwarte, sondern ein vollständiges Fiasko, und so
werden die Interessen des Theaters geopfert – das dann seine
Schuld wird eingestehen müssen –, mein Ruf und eine große
Summe Geldes. Amen...«
Nachdem *Piave* bis hierher sicher genau dem Diktat *Verdis*
gefolgt ist, setzt er später von sich aus einige Nachsätze hinzu,
von denen der Meister wahrscheinlich nie erfuhr: »P. S. Das
alles schrieb ich im Namen Verdis, aber nun muß ich von mir
aus hinzufügen, daß er wirklich fürchterlichster Laune ist; das
kann von seiner Krankheit kommen, aber sicher vor allem vom
Mißtrauen, das er gegen das Ensemble hegt. Ich habe selbst
Briefe aus Rom in der Hand gehabt, in denen nicht nur die

Fanny Salvini-Donatelli,
die Violetta der Uraufführung von »La Traviata«
im Teatro La Fenice in Venedig, 1853

Salvini genau analysiert und vernichtend beurteilt wird, sondern auch vom Verfall Varesis und vom steinernen, monotonen
Gesang Grazianis die Rede ist (das sind die Ausdrücke, die ich
selbst gelesen habe)...«
Felice Varesi war 1847 ein bemerkenswerter Macbeth, 1851 ein
ausgezeichneter Rigoletto. War es so schnell mit ihm bergab
gegangen? Der Tenor *Graziani* schien in einer schlechten Phase
seiner Laufbahn zu stecken. Aber das Schlimmste war wohl,
und *Verdi* sollte es bei seiner Ankunft in Venedig selbst sofort
fühlen, daß keiner der drei Hauptrollenträger Vertrauen in das
so neuartige Werk hatte. Sie waren es gewohnt, maskiert und
verkleidet Gestalten legendärer Vergangenheit darzustellen,
mit Figuren der Gegenwart wußten sie nichts anzufangen.
Die letzten Tage des kurzen Aufenthalts in Sant'Agata sind von
fieberhafter Arbeit erfüllt. Längst ist *Piave* wieder nach Vene-

191

dig zurückgekehrt, Verdis Rheumaanfall läßt nach. In Briefen jener Zeit stehen Sätze wie: »Die Oper für Venedig macht mir so schwere Mühe, daß ich kaum Zeit finde, zu essen und einige wenige Stunden zu schlafen...«, »...in den fertigen Teilen entdecke ich Längen, die das Publikum einzuschläfern drohen, besonders gegen Schluß, wo alles rasch vor sich gehen muß, um Wirkung zu erzielen...« und »Es ist keine Minute Zeit zu verlieren...« Der Partitur aber merkt man nichts von diesen Mühen und der zeitlichen Bedrängnis an. Mit welcher inneren Spannung *Verdi* am Werke ist, zeigt die fast unglaubliche Tatsache, daß das herrliche Vorspiel zum dritten Akt in einem einzigen Atem geschaffen und niemals mehr das mindeste daran geändert wurde. Möglicherweise erschien *Verdi* die Arbeit jener Tage besonders mühevoll, da psychisch ein schwerer Druck auf ihm lastete. Er war wegen der bevorstehenden Premiere in begreiflicher Aufregung und schien die herannahende Katastrophe deutlich vorauszuahnen. Hinzu kamen noch die schwerwiegenden politischen Ereignisse, die ihn, den glühenden Patrioten und Verfechter des italienischen Nationalstaates hart trafen: In Mailand hatten unsinnige Aufstände gegen die Kolonialmacht Österreich zu blutigen Ereignissen und hernach zu strengen Prozessen geführt, bei denen viele Parteigänger des Revolutionärs *Giuseppe Mazzini* zu schweren Strafen verurteilt wurden.

Vereinbarungsgemäß reiste *Verdi* am 23. Februar 1853 nach Venedig. Wie stets stieg er im »Hotel Europa« ab, wo auf sein Geheiß nicht nur ein Flügel, sondern auch ein Schreibpult in sein Zimmer gestellt worden war. Die Direktion des Teatro La Fenice, wie stets von ausgesuchtester Höflichkeit gegenüber dem berühmten Gast, hatte trotz dessen lebhaftester Bemühungen an der ursprünglich geplanten Besetzung festgehalten und alle Änderungen abgelehnt: Die *Salvini – Varesi – Graziani.* Der Bariton war mit seiner Arie – die mit ganz geringfügigen Änderungen wenig später zu einer der berühmtesten der italienischen Oper wurde –, äußerst unzufrieden. *Graziani* hatte überhaupt kein Gefühl für seine Rolle. Am schlimmsten aber wurde *Verdis* Zusammentreffen mit der *Salvini: Verdi* erkannte sofort, daß diese Sopranistin, so sehr sie auch ihre Stimme beherrschte, nie im Leben eine Kameliendame, nie

Der Bariton Felice Varesi,
Darsteller des Vaters Germont in der Uraufführung
im Teatro La Fenice, Venedig, 1853

eine leidende, dahinsiechende Traviata sein würde. Sie war robust und kräftig, die Stimme besaß ein überaus gesundes Timbre: zu jedem in der Partitur vorgeschriebenen Husten mußte sie sich widerwillig zwingen, so daß es im höchsten Grade unnatürlich klang. *Verdi* hatte sich seine Violetta Valéry anders, ganz anders vorgestellt: zart, von blasser, durch ihr

193

Leiden fast schon durchsichtiger Schönheit, von überwältigendem Charme, der alle Männer bezaubern mußte, kokett und doch schon vom Tode gezeichnet, leidenschaftlich in ihrer plötzlichen Liebe zu Alfredo, der stärksten und wahrscheinlich ersten und einzigen wahren ihres Lebens. Von dem allen ahnte die *Salvini* nichts, empfand nichts, fühlte sich in der Rolle einer »Ausgehaltenen«, einer »Käuflichen« geradezu beleidigt.

Es mag heute müßig erscheinen, die Handlungsweise des Theaters zu untersuchen. Es hielt die *Salvini-Donatello* für eine glänzende Sopranistin, und das war sie auch wirklich. Die Leonore im »Troubadour« wäre sicherlich eine Rolle gewesen, in der sie, mit strahlenden Spitzentönen, mit gewaltigem Atem und heroischen Gesten ihr Publikum hätte hinreißen können, aber das genügte nicht für die Traviata, ja stand dieser Rolle geradezu im Wege. Man muß ihr und dem Theater zugute halten, daß sie bis kurz vor der Premiere, wahrscheinlich bis zu *Verdis* Ankunft in Venedig sich mit bestem Willen kein Bild davon machen konnten, was *Verdi* von dieser Titelrolle erwartete, denn sie dürften bis dahin nur Bruchstücke davon in Händen gehalten haben. Sie hätten es erkennen können, wäre ihnen das französische Original der »Kameliendame« bekannt gewesen, aber das war es höchstwahrscheinlich nicht. Und so ahnte weder die *Salvini* noch Direktor *Marzini* etwas von dem Grad der inneren Feinheit, der Zartheit in Gesang und Spiel, der liebenden Hingabe, die *Verdi* in seine Musik gelegt hatte. Das Ausmaß von *Varesis* Versagen war kaum vorauszusehen. Der stimmlich ausgezeichnete *Macbeth* und *Rigoletto* vergangener – gar nicht so weit zurückliegender – Tage verschlechterte seine Leistung in »La Traviata« noch wesentlich durch die offenkundige Abneigung, die er gegen diese Rolle empfand; auch das war aber kaum der Fenice anzulasten. Langeweile bei Tenören schließlich – das war man gewöhnt; viele meinten, genug damit zu tun, wenn sie einige schöne Töne, vornehmlich in den hohen Stimmlagen produzierten. Vom jugendlichen Feuer der reinen Jünglingsseele Alfredos, von seiner glühenden Liebe zu Violetta, von dem unendlichen Schmerz, den sie ihm in edelster Absicht antat, blieb *Graziani* wahrscheinlich unberührt. Hier war ein Seelendrama zu spielen und zu singen, gegen das der äußere Ablauf beinahe unbedeutend wurde. Das war neu, sehr neu, ja erstmalig. Es hätte hierfür eine andere Art von Künstlern gebraucht.

Peppina ist nicht in Venedig, das doch viel näher liegt als Rom. Aber das ist das Gewohnte, wie wir sahen. Es scheint, als habe sie dieses Mal gar nicht mitfahren wollen, ganz im Gegensatz zu früheren und auch späteren Fällen. Vielleicht hätte sie *Verdis* neueste Oper mit zwiespältigen Gefühlen erlebt: dem freudigen, das sie jeder Note ihres geliebten »mago« entgegenbrachte, dessen Musik sie wahrhaft immer wieder von neuem verzauberte, und dem wehen, hier eine zwar vernarbte, aber nie ganz schmerzfrei gewordene Wunde ihrer Vergangenheit berührt zu fühlen. Ist es bezeichnend, daß sie oftmals von »nostro Trovatore« sprach, von »unserem Troubadour«, aber niemals von »nostra Traviata« (wie *Franco Abbiati* in seiner großen italienischen Verdi-Biographie feststellt)?

Sie schreibt dem Geliebten auch jetzt wieder Briefe. Noch am gleichen Abend seiner Abreise greift sie zum ersten Mal zur Feder und berichtet ihm über ihre etwas angegriffene Gesundheit, die wohl unter den vielen Aufregungen der letzten Tage und durch die bevorstehende Trennung gelitten hat. Sie beruhigt ihn, der Arzt hat ihr eine Diät vorgeschrieben und das Ganze sei nicht schlimm; sie hoffe bei seiner Rückkehr wieder völlig gesund zu sein. Ihre Zeilen sind voll Liebe und *Peppina* ist eine herzbewegende Briefschreiberin, auch wenn sie nur über Alltägliches berichtet. Sie weiß mit den einfachsten, natürlichsten, oft humorvollen und nicht selten geistreichen Worten ihre Gefühle auszudrücken, ihre kleinen Erlebnisse zu schildern, ihre Sehnsucht nach seiner Heimkehr und den Freuden des gemeinsamen glücklichen Lebens »anche nella grave età«, was etwa bedeutet: »auch in schwerem, schwierigerem – also höherem – Alter«. Ein Satz, der uns Heutigen vielleicht ein Lächeln entlockt, wenn wir bedenken, daß beide damals knapp vierzig Jahre alt sind . . .

Am 26. Februar 1853 schreibt sie wieder, berichtet von ihrer Besserung, drückt ihre große Freude über seinen ersten Brief aus Venedig aus und ergeht sich in vielen gescheiten Äußerungen über Opernfragen. Wieder schließt sie mit dem »Kuß aufs Herz«, dieses Mal setzt sie sogar »d'angelo« hinzu und »che spero mio per sempre«, also: »Dein Engelsherz, das hoffentlich für immer mir gehört«. Damit diese Aussage aber nicht zu sentimental klinge – davor empfinden Giuseppe und Giuseppina die gleiche Scheu, so als wären sie nicht Bewohner des romantischen, sondern des antiromantischen, des 20. Jahrhunderts – setzt die Briefschreiberin, gewissermaßen mit Augenzwinkern hinzu, ironisch und doch so, daß man es sowohl ernsthaft wie humorvoll auffassen kann: »... quanto al resto no giurerei neppure nel momento che scrivo, specialmente con Piave vicino...«. Zu deutsch etwa: »Wenn sie auch annehmen dürfe, Verdis Herz gehöre ihr auf immer, so möchte sie doch ein gleiches nicht für den Rest (seines Körpers) beschwören, besonders nicht bei der Nähe Piaves.« Sie nennt *Piave* manchmal, auch in diesem Brief einmal, »il Gran Diavolo«, den großen Teufel, obwohl sie ihn als Librettisten ihres *Verdi* hochschätzt und seine Art durchaus nicht unangenehm findet; doch *Piave* hat den Ruf eines Frauenhelden, eines unverbesserlichen Schürzenjägers, der oft durch Venedigs Kanäle fährt oder in den Gäßchen promeniert, um die Schönheit der Frauen seiner Stadt zu bewundern oder ein wenig genießen zu können. Kein Don Juan, aber ein kleiner Casanova. Wie vertonte *Mozart* es in einem seiner Lieder? »Leicht sind Mädchen zu erhaschen, weiß man sie zu überraschen...« Hat *Piave* je versucht, den ganz anders gearteten *Verdi* auf seine Eroberungszüge mitzunehmen? Es ist nie etwas davon bekannt geworden, bei *Verdis* Art und Charakter erscheint es auch sehr unwahrscheinlich. Trotzdem sollte auch sein Herz noch mindestens einmal von einer schnell aufflackernden Leidenschaft berührt werden, aber da handelte es sich – viel später – um eine sicherlich faszinierende Sängerin, mit der er lange Zeit in engem künstlerischen und menschlichen Kontakt stand: *Teresa Stolz*. Doch *Peppina* behielt die Oberhand –, fürs ganze Leben. *Piave* fand übrigens, ebenfalls viele Jahre später, ein schreckliches Ende: in geistiger Umnachtung, völlig verarmt, und unter quälendsten Schmerzen.

Am 2. März 1853 schreibt die Gefährtin noch einen Brief, den letzten während dieser Trennung. *Verdi* hat die Uraufführung der »Traviata« für den 5. März in Aussicht gestellt, also muß es der letzte Brief werden, da sie auf seine sofortige Heimkehr hofft. Sie berichtet von einem Rückfall, den sie erlitten und der wohl durch die strenge Kälte des langen lombardischen Winters verursacht wurde. Sie beruhigt den Geliebten mit dem Ausspruch des Arztes, es sei nichts Ernstes. Sie freut sich auf eine baldige Reise nach Paris, die sie mit *Verdi* antreten wolle. Und erzählt ihm von einem Besuch, den »Herr Antonio« ihr gemacht habe: das ist *Barezzi, Verdis* einstiger Schwiegervater, mit dem er sich nach einem heftigen Briefwechsel wieder versöhnt hat und der nun gelegentlich in freundschaftlicher Weise nach Sant'Agata kommt. Er hat *Giuseppina* achten, ja in vieler Beziehung bewundern gelernt. Zumal seine früheren Moralgrundsätze ins Wanken geraten waren, seit er selbst – äußerst glücklich, wie es heißt – seine Witwerschaft in den Armen einer seiner Angestellten zu trösten und zu vergessen begonnen hatte...

Wir wissen leider wenig über den Verlauf der Proben in Venedig. Bekannt wurde nur eines, und das klingt beinahe unglaublich: *Verdi* hat sich, wahrscheinlich auf Bitten der Sänger, vielleicht auch der Direktion und wahrscheinlich sogar *Piaves*, bereit erklärt, die Handlung der »Traviata« aus dem zeitgenössischen Paris in die Epoche des Sonnenkönigs, Ludwig XIV., zurückzuverlegen. Eine absurde Änderung, da aus einem Spiel höchster Aktualität nicht nur Historie wurde, sondern die ganze Geschichte der Kameliendame dadurch viel weniger glaubwürdig erschien. Aus der Betroffenheit des Publikums: »In solchen Zeiten leben wir!« mußte ein bedauerndes Achselzucken werden: »Was für Zeiten waren das!« Sicherlich spürte *Verdi* das und es trug nicht dazu bei, seinen »umore infernale«, seine »höllische Stimmung« (die *Piave* schon in Sant'Agata festgestellt hatte) zu verbessern. Er muß das Gefühl gehabt haben, bei einer verlorenen Sache mitzuwirken, in einem Boot zu sitzen, dessen nicht mehr zu stopfendes Leck den Untergang mit absoluter Sicherheit voraussehen ließ.

Die Uraufführung muß um einen Tag verschoben werden. Und so geht der 6. März 1853 – es ist ein Sonntag – als eines der »schwarzen Daten« in die Operngeschichte ein. Es liegen mehrere Berichte über den Verlauf dieser Premiere vor. Sie stimmen, wie wir es bei Augenzeugen gewöhnt sind, nur in großen Zügen überein und bringen recht wenig Licht in Gründe und Hintergründe dieses Theaterskandals. Einmütig erzählen sie,

Das Plakat der Uraufführung,
die mit einem längst vergessenen Ballett gekoppelt war

daß der dritte Akt – das vierte, letzte Bild mit Violettas Tod in
den Armen des Geliebten – von einem vor Lachen beinahe
platzenden, johlenden Auditorium zerstört, nahezu unhörbar
gemacht wurde. Einige Beobachter meinen, der erste Akt sei
sehr beifällig aufgenommen worden und es habe noch ganz
nach Erfolg ausgesehen. Es gab Szenenapplaus, es gab Hervor-
rufe für den Komponisten (was damals noch, im Gegensatz zu
heute, nach jedem Fallen des Vorhangs geschehen konnte, ja
gelegentlich sogar nach besonders beifällig aufgenommenen
Stücken inmitten eines Aktes). Dann aber sei die Stimmung
schnell abgesunken bis zum bitteren Ende, zum völligen Fiasco.
Was war geschehen? Die heute übliche Lesart macht geltend,
das Publikum hätte angesichts der überaus gesunden und robu-
sten Violetta Valéry sein Lachen nicht zurückhalten können, da
es ihr Schwindsucht und frühen Tod einfach nicht glauben
konnte. Doch die Mißstimmung des Publikums setzte schon
viel früher ein und steigerte sich allmählich. War *Verdi* plötzlich
ein schlechter Komponist, nachdem er nur zwei Jahre vorher
für seinen »Rigoletto« an gleicher Stelle stürmisch gefeiert

worden war? War *Varesi* verantwortlich? Doch der hatte die
Bühne erst in der Mitte des zweiten Akts betreten: war das der
kritische Augenblick gewesen? Mißfiel der ungewohnte Stoff
so sehr? Sah das venezianische Publikum sich vielleicht auf der
Bühne dargestellt und war von dieser Erkenntnis nicht sehr
erbaut? Es ist auch anzunehmen, daß es die fragwürdige Rück-
versetzung in der Zeit störend empfunden haben könnte. War
es böse, daß es keine Schau-, keine Prunkoper zu sehen bekam,
sondern ein Seelendrama, eine rein menschliche Tragödie?
Befand es, daß »derartige Dinge« nicht auf die Bühne und
schon gar nicht auf die Opernbühne gehörten? Oder war einfach, aus unerfindlichen, unerklärbaren Gründen wie oft, die
Lust am Widerspruch da, die Freude am Zerstören und Ver-
nichten in sie gefahren? Behielt eine Mehrheit der Kleinen,
eine Meute der Kleinlichen gegenüber einem Großen die Oberhand, wie es manchmal, in unseligen Stunden der Menschheit,
der Fall sein kann? Rächten sich die Mittelmäßigen an einem
Genie, das ihnen zwar schon viel Freude bereitet hatte, das sie
aber nicht zu groß werden lassen wollten? Genügte wirklich die
Nichteignung der Hauptdarstellerin für ihre Rolle dazu, ein
Meisterwerk zu verspotten und untergehen zu lassen?
Ganz Venedig sprach tagelang von diesem »Fiasko« der neuen
Verdioper. Nur ein Kritiker – er hieß *Locatelli* – ging in der
»Gazzetta Previlegiata« näher auf das Ereignis ein, spricht von
einer großartigen Leistung der *Salvini*, von ihrer »perizia e
perfezione da non dirsi«, ihrer »unbeschreiblichen Erfahren-
heit und Perfektion«, und erzählt, daß *Verdi* nach dem ersten
Akt auf die Bühne gerufen, das Trinklied und Duett der
Liebenden in diesem Abschnitt begeistert aufgenommen
wurde. Dann stellt er fest, daß im zweiten Akt – unglücklicher-
weise – das Schicksal sich wendete, wofür er die Schuld eindeu-
tig den beiden männlichen Hauptrollenträgern zumißt. Deren
Anstrengung müsse zwar alle Achtung erwiesen werden – was
das Publikum offenkundig nicht tat –, auch wenn sie nicht »in
piena sanità e siccurezza di gola« waren, also ungefähr: »Nicht
bei voller Stärke und Sicherheit der Kehle.« Ein endgültiges
Urteil möchte *Locatelli* für den Tag aufschieben, an dem »La
Traviata« besser gesungen erklänge.
Er rechnet also damit, daß die neue Oper nicht untergehen

werde. In einem wenige Tage später im gleichen Blatt veröf-
fentlichten Artikel vergleicht er den Fehlschlag jenes Abends
mit dem ähnlichen Geschick zweier anderer Meisterwerke, die
auch erst im Umweg über ein Fiasko die Höhen des Ruhms
erklommen: *Bellinis* »Norma« und »Beatrice di Tenda«. Auch
Verdi rechnet damit. Er bleibt ruhig, wie immer nach seinen
Uraufführungen, und schreibt einige Briefe. An seinen Verleger, das Haus *Ricordi* in Mailand: »Es tut mir weh, die traurige
Nachricht verbreiten zu müssen, aber ich kann die Wahrheit
nicht verschweigen: ›La Traviata‹ ist durchgefallen. Fragen wir
nicht nach den Ursachen, die Geschichte ist nun einmal so.« An
den Dirigenten und Freund *Emanuele Muzio*: »›La Traviata‹
erlitt gestern abends ein Fiasko. Liegt die Schuld bei mir oder
bei den Sängern? Die Zeit wird darüber urteilen.« An den
Freund *Cesare de Sanctis*: »›La Traviata‹ ist durchgefallen: es ist
sinnlos, nach den Gründen zu forschen, es war ein Fiasko und
so hat es wohl sein sollen.« An den Freund und Bildhauer
Vincenzo Luccardi: »Das Ergebnis war ein Fiasko! Ich weiß
nicht, wer die Schuld trägt, besser sprechen wir nicht darüber.
Ich sage Dir nichts über die Musik und Du wirst erlauben, daß
ich nichts über die Ausführenden hinzufüge.« Am deutlichsten
wird er zu *Angelo Mariani*, einem der bedeutenden Dirigenten
des damaligen Italien (der ein wenig später, verärgert über
Verdi, zu *Wagner* »überging« und dessen Werke in Italien
einführte): »›La Traviata‹ ist ein Riesenfiasko gewesen, schlimmer noch, man hat sie ausgelacht. Nun, was willst Du? Ich bin
dadurch keineswegs erschüttert. Entweder habe ich recht oder
sie haben es. Ich glaube, daß gestern Abend keineswegs das
letzte Wort über ›Traviata‹ gesprochen wurde. Sie wird wieder-
kommen und dann wollen wir sehen! Vorläufig, lieber Mariani,
vermerke das Fiasko . . .«
Verdi hat diese seine Oper niemals aufgegeben. Es gibt unter
den Schöpfernaturen solche, die sich gebrochen in Niederlagen
schicken, die an sich selbst verzweifeln, wenn die Welt an ihnen
zweifelt. Und es gibt die anderen, zu denen *Verdi* gehört, die
um so fester an sich und ihre Sendung glauben, je mehr
Ablehnung sie erfahren. *Verdi* mußte ahnen, ja genau wissen,
was seine »Traviata« wert war, dieser kühne Vorstoß in dramatisches Neuland, dieses intimste Drama, das ihm bei seiner

Giulio Ricordi,
Verdis Verleger und Freund während vieler Jahre

ständigen Suche nach neuen Opernformen gelungen war. An
seiner Erfindungsgabe zu zweifeln, konnte ihm nicht in den
Sinn kommen: wie viele herrliche Melodien waren ihm gerade
zu diesem Werk eingefallen! Vielleicht weniger spektakuläre
als zum »Troubadour«;aber manches, was (nach *Beethovens*

Wort) »von Herzen kommend wieder zu Herzen gehen« mochte.

Verdi reiste mit *Peppina* nach Paris, damit er sich dort um seine nächste Oper selbst kümmern konnte. Der Vorvertrag war seit einem Jahr abgeschlossen: Es sollte, zum ersten Mal, ein auf französischen Text zu komponierendes Werk werden. Der prächtige äußere Anlaß: die große Weltausstellung.

Verdi und *Peppina* bleiben dieses Mal sehr lange in Frankreich; so lange, daß sogar schon Gerüchte aufkommen, auch er wolle sich endgültig dort niederlassen, wie vor ihm schon viele der größten italienischen Opernmeister es getan hatten (so *Cherubini, Rossini, Donizetti, Bellini, Spontini*). Doch er denkt gar nicht daran. Er hat die Hohlheit dieses glanzvollen Lebens längst erkannt, ist vom Betrieb der großen Pariser Oper tief enttäuscht, vom Hochmut *Eugène Scribes* (der nun sein Textdichter werden wird) angewidert. Vielleicht erkennt er erst jetzt vollständig, wie lebensecht er die Frivolität der Oberschicht dieser blendendsten Weltstadt jener Zeit in seiner »Traviata« geschildert hatte.

Um die bemühen sich inzwischen zwei italienische Freunde, ohne daß er selbst sich viel darum sorgt. Der eine ist der früher genannte Dirigent *Angelo Mariani*, der an eine Wiederaufführung in Rom denkt, wo das Publikum erst vor wenigen Wochen vom »Trovatore« so hell begeistert war. Der andere *Toni Gallo*, der zu den Leitern des venezianischen Theaters San Benedetto – Eigentum seiner Familie – gehört. *Gallo* trat mit *Piave* in Verbindung, der sich bereit erklärte, die Regie der Neuaufführung zu übernehmen.

Sie verpflichteten drei sehr gute Sänger, darunter auch die Sopranistin *Maria Spezia*, von der es schon in kurzer Frist heißen wird, sie sei für die Rolle der Traviata gerade so geschaffen wie diese für sie. Dann baten sie *Verdi*, die Partitur nochmals durchzusehen. Der Maestro kam diesem Wunsch, wohl ein wenig zähneknirschend, nach, er retuschierte noch ein klein wenig an der Arie des Baritons und an dessen Duett mit Violetta.

Aufs gewissenhafteste vorbereitet, erlebte »La Traviata« am 6. Mai 1854, genau vierzehn Monate nach jenem Fiasko in der Fenice, einen gewaltigen Triumph am »Teatro Gallo« im Stadt-

viertel San Benedetto (daher zumeist »Teatro San Benedetto« genannt; die Venezianer sind es seit altersher gewohnt, ihre Theater nach der nächstliegenden Kirche zu benennen), im gleichen Venedig und wahrscheinlich vor einem weitgehend identischen Publikum, das jener verunglückten Uraufführung beigewohnt hatte. Die »Gazzetta« betitelte nun ihre Chronik: »Una riparazione«, eine Wiedergutmachung. Bei Violetta Valéry, der Traviata, kommt die Wiedergutmachung, die Vater Germont ihr schuldet und endlich darbringt, zu spät: nur im Sterben kann sie den Geliebten noch einmal in die Arme schließen. Für das Werk aber, für »La Traviata«, kam die »Riparazione« des 6. Mai 1854 zur rechten Zeit, um die Niederlage des 6. März 1853 für immer auszulöschen.
Natürlich hat es nicht an Stimmen gefehlt, die den Meinungsumschwung des Publikums auf *Verdis* »Neubearbeitung« zurückführen wollten. Daß davon keine Rede sein kann, bestätigt er selbst in einem Brief vom 26. Mai 1854 an seinen napolitanischen Freund *De Sanctis*: ». . . Zu dieser Stunde haben Sie schon erfahren, daß ›La Traviata‹ in Venedig erfolgreich wiederaufgeführt wurde. Wer aber hat Ihnen gesagt, die Oper hätte einer Bearbeitung bedurft? Und wer hat Eurer ›Gazzetta Musicale‹ in Neapel anvertraut, ich hätte Änderungen vorgenommen? Die ›Traviata‹, die man jetzt im Teatro San Benedetto aufführt, ist genau die gleiche, die man im vorigen Jahr in der Fenice gespielt hat, – mit Ausnahme weniger Tonveränderungen, die ich vorgenommen habe, um den Singstimmen entgegenzukommen. Diese ›Punktierungen‹ bleiben nun für immer gültig, denn ich betrachte dieses Werk als abgeschlossen. Sonst ist kein einziges Stück verändert, nichts hinzugefügt, nichts gestrichen, kein musikalischer Einfall angetastet worden! Das Teatro Fenice und das Teatro San Benedetto führen die genau gleiche Oper auf. Damals fiel sie durch, heute macht sie Furore!!!« Verdis Ausrufungszeichen weisen stets besondere Bedeutung auf. Drei deuten starke innere Erregung an.

Das schreibt *Verdi* aus Frankreich. Er ist zur »Riparazione« nicht nach Venedig gefahren. Natürlich nicht, müßte man sagen, wenn man seinen Charakter kennt. Am liebsten führe er nicht einmal zu seinen Premieren.

Vater Germont (Wolfgang Brendel), Alfred (Giacomo Aragall),
Violetta (Ileana Cotrubas) sowie Annina (Helena Jungwirth)
in der Sterbeszene. Bayerische Staatsoper, München, 1975.

»La Traviata« durcheilte die Welt so schnell wie nur wenige andere Werke des Musiktheaters. Die Rolle der strahlenden, aber unglücklichen Kurtisane Violetta Valéry, die zur tief liebenden Frau wird, ist sehr rasch zu einer Lieblingsgestalt aller großen und kleineren Sopranistinnen geworden.

Gedanken zu »La Traviata«

1. Verdi-Biograph *Karl Holl* hat »La Traviata« eine »schlichte Herzenstragödie« genannt. Das mag, rein von der Handlung her, stimmen. Ein Mann und eine Frau lieben einander, dürfen aber nicht miteinander glücklich werden, weil die Frau »eine Vergangenheit« hat, die ihr die bürgerliche Welt des Mannes nicht verzeihen kann. Ihre schwere Lungenkrankheit, die vielleicht hätte geheilt oder zumindest hätte aufgehalten werden können, wenn ihr ein ruhiges und glückliches Leben beschieden gewesen wäre, führt rasch zum Tode, als sie in ihr früheres Leben, das der ungehemmten Vergnügungen, der Ausschweifungen, der krampfhaft gesuchten Schlaflosigkeit zurückfällt. Eine menschliche Tragödie, wie sie dem wirklichen Leben abgelauscht war. Also: ein sehr seltener Opernstoff. Denn im Jahre 1853, als »La Traviata« in Venedig uraufgeführt wurde, waren solche Stoffe auf der Opernbühne noch nicht üblich. Erst eine Generation später wird das »wirkliche Leben« (wie *Leoncavallo* es im Prolog seines »Bajazzo« ankündigt) Opernstoff, und sein Zeitgenosse *Puccini* nennt als sein kompositorisches Hauptanliegen: »Di umanità! Sopra tutto di umanità!« (Menschlichkeit! Vor allem Menschlichkeit!). Und tritt mit »La Bohème« unmittelbar in die Fußstapfen seines großen Vorgängers *Verdi*: ein schwindsüchtiges Mädchen, eine an den äußeren Lebensumständen scheiternde, aber bis zum Tode nicht erlöschende Liebe, ein Gesellschaftsbild voller Menschen aus dem täglichen Leben. Keine historischen Gestalten, keine mythischen Erscheinungen, keine Blut- oder Kriegstaten, keine heroischen Gesten. Was um 1850 noch kaum jemand für möglich gehalten haben dürfte, *Verdi* hat es in seiner »Traviata« verwirklicht, für alle Zeiten gültig.

2. Es wird, wenn man dies bedenkt, ein wenig verständlicher, warum die erste Sängerin der Titelrolle sich in diese so gut wie nicht hineinfinden konnte. Sie war gewohnt, heldenhafte Frauen darzustellen: solche, die Feinden trotzten, die Dolche zückten, Aufstände anführten, lieber starben als in

Sona Ghazarian,
die Traviata der Wiener Staatsoper, 1983

Schande lebten. Nun sollte sie eine »gewöhnliche« Frau
darstellen, in ihrer eigenen Zeit, in einer Gesellschaft, die
von Menschen besiedelt war wie die, denen sie im Leben
durchaus begegnen konnte. Auf einmal taugten alle
Gesten, die sie einer Norma, einer Lucia di Lammermoor,
einer Anna Bolena, einer Elisabeth von England oder ihrer
Gegenspielerin Maria Stuart lieh, nicht mehr. Opernge-
sang aber bestand im Schauspielerischen damals aus
Gesten, großen, theatralischen Gesten. Wendete sie die
bei der »Traviata« an, enthüllte sie ungewollt ihre Hohlheit. *Fanny Salvini-Donatello* war dieser Rolle gegenüber
also ratlos, entwaffnet. Sie erreichte, im Verein mit den
anderen Hauptdarstellern der Premiere, daß der Regisseur

unbegreiflicherweise – und mit *Verdis* fast noch unglaub-
licherer Zustimmung – die Handlung um hundert Jahre
zurück in die Vergangenheit verlegte. Dadurch wurden
historische Kostüme und das übliche Opernspiel der im
»wirklichen Leben« nicht gebräuchlichen Gesten möglich.
Aber gerade diese Diskrepanz zwischen der Handlung der
»Kameliendame« und einer Zeit, in der das gesellschaftliche Bild ein völlig anderes war, trug nur noch um so
sicherer zum Mißerfolg der Uraufführung bei.
3. Heute gilt die Rolle der Violetta Valéry als eine der begehrtesten im zeitgenössischen Opernleben. Sie bietet stimmlich genug Gelegenheit zu Bravourleistungen: im ersten
Akt werden glitzernde Koloraturen von ihrem Sopran
erwartet, im zweiten Akt – und zwar sowohl im ersten wie
im zweiten Bild – höchst dramatische, tragische Akzente,
im dritten Akt schmerzlichster Ausdruck und lyrischer
Gesang von tiefster Eindringlichkeit. Das wirft die Frage
nach der »idealen« Stimmgattung für diese Rolle auf: Wir
teilen sie heute einer sogenannten »dramatischen Kolora-
tursopranistin« zu, einem Genre, das nicht allzu häufig
anzutreffen ist. Hinzu kommen noch andere Erfordernisse,
die an die Interpretin dieser Partie gestellt werden müssen.
Sie muß von bezauberndem Äußeren sein, denn so wird sie
von *Alexandre Dumas jr.* in seinem Roman »Die Kameliendame« geschildert, und darf, was bei dramatischen
Sängerinnen nicht die Regel darstellt, keinesfalls über
solche Leibesfülle verfügen, daß sie einen Schwindsuchts-
tod – den man seinerzeit auch »Auszehrung« nannte –
unwahrscheinlich macht. Wir sind zwar heute in diesem
Punkt (aber nur in diesem) vielleicht ein wenig toleranter
geworden, als es das venezianische Publikum im Jahre 1853
war, aber bei kaum einer zweiten Rolle ist »le physique du
rôle« – das der Rolle angemessene Aussehen – so wichtig
wie bei der Traviata.
4. Vielleicht wäre es am Platz, hier *Dumas'* Schilderung der
Kameliendame wiederzugeben: »Groß und dabei zart bis
zur Gebrechlichkeit, besaß sie im höchsten Maße die
Kunst, alles Künstliche unmerklich zu machen ... Ihr
Haupt, ein Wunder für sich, war Ausdruck einer einzig-

artigen Anmut. In einem Oval von unbeschreiblichem Zauber zwei dunkle Augen, beschattet durch Brauen von so klarer Linienführung, daß sie wie gemalt erschienen; man verhülle nun diese Augen durch langbewimperte Lider, die, wenn sie sich senken, einen zarten Schatten auf die rosige Haut werfen, man stelle sich eine feine, gerade und klug wirkende Nase vor, leicht vibrierende, hauchzarte Nasenflügel, die ein Hingezogensein zum Sinnenleben verraten, zeichne einen regelmäßigen Mund, dessen Lippen sich voller Liebreiz über kleinen, mandelweißen Zähnen öffnen, und stelle sich eine Haut von jener samtenen Weichheit vor, wie sie Pfirsiche besitzen, die noch keine Hand berührte, dann wird man einen Gesamteindruck dieses wundervollen Kopfes bekommen. Die Haare, schwarz wie Ebenholz, natürlich gewellt, fielen über der Stirn in zwei reichen Strähnen auseinander ...« So schwärmt in diesem Roman ein Mann, der vorgibt, nicht *Marie Duplessis'* Liebhaber gewesen zu sein. Wie sie jenen erschien, die dies waren, mag jedermann sich selbst ausmalen.

5. Stellt die Traviata eine Lieblingsrolle zahlloser Sängerinnen dar, so ist dies bei der männlichen Hauptrolle nicht so ausgeprägt der Fall. Natürlich gibt es keinen italienischen Tenor oder besser gesagt: Tenor des italienischen »Fachs«, der nicht den Alfred in seinem Repertoire hätte. Aber es gibt stimmlich dankbarere Rollen; selbst die große Arie des zweiten Akts (»De' miei bollenti spiriti ...«) gehört nicht zu den »dankbarsten« *Verdis* oder der Opernliteratur im allgemeinen. Vielleicht spiegelt sie eine zu glückliche Stimmung, so daß die von den Tenören so gesuchten schmerzlichen Akzente hier nicht anwendbar sind. Hingegen ist die Partie des Vaters Germont bei den lyrischen Baritonen sehr beliebt. Einmal, weil sie ihn vom fast ununterbrochenen Darstellen von Opernbösewichtern für einen Abend befreit (oder ist er, bei seinem ersten Auftritt doch als solcher aufzufassen?), zum andern, weil sie, an sich keineswegs lang, durchwegs aus Höhepunkten besteht. Als solchen muß man das große Duett mit Violetta bezeichnen, das recht eigentlich den Wendepunkt des Dramas darstellt; als solchen zweifellos die berühmt und beliebt gewordene

Violetta (Sona Ghazarian) und Alfred (Dennis O'Neill)
in der Staatsoper Wien, 1983. Szene aus dem 1. Akt

Arie »Di provenza il mar, il suol . . .«, die zwar dramatisch
schwer zu rechtfertigen sein mag, aber der Stimme prächtige Entfaltungsmöglichkeiten bietet. Der Höhepunkt:
Germonts Auftritt im Hause Floras, als er den eigenen
Sohn bitter zur Rechenschaft zieht und dabei eines jener
Meisterensembles anzuführen hat, wie *Verdi* sie so unnach-
ahmlich zu schreiben versteht.

6. Dem Charakter einer »einfachen Herzenstragödie« ent-
spricht es wohl auch, daß diese Oper nur drei große Rollen
enthält. Fast wäre man sogar versucht, von nur zweien zu
sprechen: Alfred und der Titelpartie, zwischen denen sich
das gesamte Drama abspielt. Das soll der dritten, dem
Vater Germont, nichts von ihrer Bedeutung nehmen, aber
verglichen mit den anderen wichtigen Bariton-Rollen *Verdis* steht diese ein klein wenig zurück. Auch in anderen
wichtigen Werken des Musiktheaters gibt es gelegentlich
nur drei Hauptrollen. Aber neben ihnen stehen zumeist

noch mehrere »mittlere« Partien, die an vielen Stellen in das Geschehen einzugreifen haben; in der »Traviata« fehlen sie völlig. Weder der Baron Douphol, noch Flora, weder der Doktor Grenvil noch die Zofe Annina, weder Gaston noch der Marquis sind mehr als »comprimarii«, jene im Opernbetrieb wichtigen, aber selten zu Solistenlorbeer größeren Ausmaßes gelangenden Sänger, die vom Publikum ungerechterweise nur ausnahmsweise bemerkt werden: wenn sie besonders gut oder wenn sie besonders schlecht sind. »La Traviata« ist die Tragödie zweier Menschen, die von einem Dritten herbeigeführt wird. Keine andere Person greift in wichtiger oder gar entscheidender Weise in das Geschehen ein.

7. Und doch sind nicht nur diese anderen wichtig, sondern auch die »die Gesellschaft« verkörpernden Chöre. In »La Traviata« steht die »Halbwelt« auf der Opernbühne. Sie ist zwar vom Textdichter nur mit »Freunde und Freundinnen von Violetta und Flora« bezeichnet, aber in ihrer Darstellung soll das Bild jener Randschicht deutlich werden, innerhalb derer sich das Leben Violettas abspielt, bevor sie in Alfred den Mann ihres Lebens findet. Hier liegt eine wichtige Aufgabe des guten Regisseurs: diese Festesgäste so zu zeichnen, daß man sie trotz Eleganz und weltmännischem Benehmen nicht mit der »wahren« Gesellschaft verwechseln kann: sie sollen noch um eine Spur dekadenter, morbider sein als diese.

8. Die Umarbeitung des Romans in ein Drama und schließlich in eine Oper hat verschiedene Probleme aufgeworfen, die bei näherem Zusehen nicht als völlig gelöst angesehen werden dürfen. Die zeitliche Abfolge des zweiten Bildes (also des ersten Bildes im zweiten Akt) holpert gefährlich. Kaum hat Violetta den Brief an Baron Douphol befördern lassen, ist anscheinend – trotz der nicht ganz unbeträchtlichen Entfernung von Paris, in der sich das Liebesnest Violettas und Alfreds befindet – dessen Wagen zur Stelle, um Violetta abzuholen. Oder ist es der Wagen Floras? Kaum, denn diese weiß um diese Zeit noch nichts von Violettas Erscheinen auf ihrem Fest, und weniger noch, daß Violetta ihren eigenen Wagen schon verkauft hat. Ja,

selbst das Auftreten Vater Germonts bei der ahnungslosen Violetta ist dramatisch anfechtbar. Im Roman spielt diese Szene sich wesentlich anders und viel glaubhafter ab; in der Oper aber ist es reiner Zufall, daß Alfred gerade in jenem Augenblick – zum ersten Mal, seit sie zusammenleben! – seine Geliebte allein gelassen hat, um in dringenden Geschäften nach Paris zu fahren (wovon der Vater nichts wissen kann). Doch es wäre kleinlich, der Oper solche »Verstöße« anzukreiden; sie wiegen nicht schwer im Gesamtbild der erschütternden Tragödie, die zuerst *Dumas* und später *Piave* und *Verdi* auf die Bühne zu stellen gelang. Nicht auf die Logik kommt es in einem solchen Falle an, und schon gar nicht in der Oper.

9. Da ihm ein völlig untraditionelles, neuartiges Textbuch vorlag, fand *Verdi* eine untraditionelle, neue Musik dafür. Zwar herrscht – das kann bei ihm nie anders sein – unbeschränkt die Melodie, aber »La Traviata« weist im Sprechgesang gewaltige Fortschritte gegenüber den früheren Werken auf. Natürlich war *Verdi* vorher kaum in die Lage gekommen, einen musikalischen Konversationston zu finden, aber nun, da er ihn braucht, verfügt er über ihn. Besonders hervorzuheben – und besonders ergreifend in ihren dramatischen Wirkungen – sind die Übergänge aus einem rezitativischen Sprechen oder Halbgesang in den vollen lyrischen Ausbruch. So gehört die Stelle des zweiten Bildes, in der Violetta voll unsagbarer Beklommenheit mit gestammelten Worten Abschied vom nichtsahnenden Alfred nimmt, bis ein gewaltiges Orchestercrescendo ihre Stimme in den überwältigenden Ausbruch reißt, zu den ergreifendsten der Opernliteratur.

10. Das Orchester: Nie vorher ist *Verdi* so subtil und empfindungsreich schattierend in seiner Behandlung gewesen wie hier. Die überirdisch zarten Streicherklänge, die die Vorspiele zum ersten und dritten Akt auszeichnen, deuten an, daß *Verdi* »La Traviata« als intimstes, als Kammerwerk verstanden haben möchte. Es ist fast unglaublich, daß dieses Werk nahezu gleichzeitig mit dem wahrlich nicht vor knalligen Wirkungen zurückschreckenden »Troubadour« entstand und daß die Uraufführung der beiden Werke in

einem zeitlichen Abstand von nur wenigen Wochen erfolgte. Bezüglich der zarten Streichereffekte muß auf eine seltsame Parallele hingewiesen werden: eine ganz ähnliche Wirkung sucht und erzielt *Richard Wagner* in »Lohengrin«, dessen Vorspiel zur ätherischsten Musik gezählt werden muß, die je geschrieben wurde: *Verdi* aber kann, als er »La Traviata« komponierte, den 1850 in Weimar uraufgeführten »Lohengrin« nicht gekannt und keinesfalls gehört haben. Hat er, vielleicht geradeso wie *Wagner, Berlioz'* großartige und oft revolutionäre Orchesterneuerungen studiert? Oder ist er auf der Suche nach jenen »Intimklängen«, die er für »La Traviata« brauchte, von selbst auf die hohen, geteilten Violinen gekommen, gerade wie *Wagner*, als er für »Lohengrin« das »ferne Land, unnahbar euren Schritten« in irreale, irrisierende Klänge umzusetzen suchte? Wieder zeigt sich hier, was so oft auf allen Gebieten festzustellen ist: daß Erfindungen, die »notwendig« werden und gedanklich »in der Luft liegen«, ziemlich gleichzeitig an verschiedensten Orten gemacht werden.

11. »La Traviata« ist im Verlauf weniger Wochen entstanden, wenn *Verdi* sich auch schon wahrscheinlich ein Jahr vorher in der Phantasie mit dem Thema befaßte. Eine Arbeitszeit von so kurzer Dauer war das Merkmal seiner »Galeerenjahre«, als er jung und noch weitgehend unbekannt in Fronarbeit für italienische Theater Oper auf Oper schreiben und einstudieren mußte. Diese Zeiten aber lagen hinter ihm, als er »La Traviata« plante und schuf. Also kann es nur die reine Freude, die Begeisterung gewesen sein, die ihn dieses Werk so schnell schaffen ließen. Er war stets ein Meister der Melodie gewesen, mit deren Hilfe er verschiedensten Seelenzuständen Ausdruck zu verleihen vermochte. Hier steht die »innige« Melodie im Vordergrund, die Liebesmelodie. Ja, er gestaltet eine davon geradezu zu einer Art »Leitmelodie« um, nicht gar so unähnlich *Wagners* »Leitmotiven«. Man darf diese Tonfolgen also wohl als »Leitmelodien« ansprechen, auch wenn *Verdi* dieses Wort nie gebraucht hat. Auch hier wieder die auffallende Parallelität zu *Wagner*; aber sofort die strikte Ableh-

214

Im Duett des 1. Aktes: Teresa Stratas (Violetta) und
Fritz Wunderlich (Alfred).
Aufführung der Bayerischen Staatsoper, München, 1965

nung der oft gehörten Behauptung, *Verdi* habe seinen
deutschen Rivalen »nachgeahmt« oder von ihm »gelernt«.
Der Gedanke tonlicher Verbindungen für geistige, seelische, gedankliche Zusammenhänge ist weder von Wagner
noch von Verdi in die Welt gesetzt worden, sondern
wesentlich früher. Auch hier müßte wieder *Berlioz* (mit
seiner »idée fixe«) genannt werden, doch auch auf viel
frühere Komponisten (*Grétry*: »Richard Löwenherz«) hingewiesen werden. Daß dieser Gedanke aber besonders in
der Romantik Fuß fassen, sich durchsetzen konnte, ist sehr
verständlich, denn deren umfassendes Kunstkonzept strebt
eine Verbindung aller Künste – ein »Gesamtkunstwerk«,
wie *Wagner* es erträumen wird – an. Und so kopiert keinesfalls ein Musiker den anderen, wenn sie zu gleichen Zielset-
zungen und ähnlichen Mitteln greifen, die letzten Endes im
»Zeitgeist« liegen, der alle beseelt.

12. Wir haben einen älteren Verdi-Biographen zitiert *(Karl Holl)* und wollen nun einige amüsante Zeilen bei einem neueren Musikschriftsteller (dem englisch schreibenden *Joseph Wechsberg*) nachlesen, der sein Traviata-Kapitel so resümiert und abschließt: »...Selbst Menschen, die nichts mit ›Il Trovatore‹ (»diese Handlung!«), ›Don Carlos‹ (»nicht genügend Melodie!«), mit ›Otello‹ oder ›Falstaff‹ anfangen können (weil sie diese subtilen Meisterwerke nicht verstehen), lieben die ›Traviata‹, die alles hat: eine romantische skandalöse Fabel, eine Heldin, die »sündigt« und »leidet«, schöne Menschen, faszinierende Requisiten, Pariser Gesellschaft, einen Liebhaber mit gebrochenem Herzen und edlem Vater, und vor allem eine Fülle von Melodien...«

13. Heute lesen nicht mehr sehr viele Menschen den Roman »Die Kameliendame« des jüngeren *Alexandre Dumas*; sein gleichnamiges Drama erscheint nur noch äußerst selten auf den Bühnen der Welt. Und so lebt diese wahre, wenn auch zweifellos verklärte Geschichte vom »gefallenen Mädchen« und seiner Läuterung nur noch in *Verdis* Oper »La Traviata« weiter. Das ist erklärlich und vielleicht gut so, denn *Verdi* »verwandelte die im Bühnenoriginal überwiegende Rührseligkeit in die Wahrheit eines geläuterten Menschentums«, wie *Hans Kühner* es ausdrückt. Trotzdem ist natürlich viel Anrührendes, Rührendes in der Oper stehen geblieben. Nähme man den Besuchern der »Traviata« an der Garderobe die Taschentücher ab, das Ergebnis wäre für die Schminke verheerend. Doch Weinen über menschliches Leid ist noch niemals verwerflich oder auch nur lächerlich gewesen. Es zu lindern ist allerdings besser, aber allzu oft nur Gott gegeben.

Alphonsine Plessis – Marie Duplessis – Marguerite Gautier – Violetta Valéry

Auf ihrem Grabstein – er befindet sich auf dem Montmartre-Friedhof zu Paris und ist wegen seiner hervorstechenden Lage leicht zu finden – steht das Datum ihrer Geburt und ihres Todes: »Alphonsine Plessis, geboren am 15. Januar 1824, gestorben am 3. Februar 1847«. (Der Roman, der ihr Leben schilderte und ihren Nachruhm begründete, weist als Todesdatum den 5. Februar aus). Alphonsine Plessis ist also nur wenige Tage älter als 23 Jahre geworden. Der marmorne Aufbau, der Größe und Form eines Sarkophags zeigt, trägt ein großes Kreuz und ein steinernes, vorspringendes Viereck, auf dem eine Blume gemeißelt erscheint. Blickt man sie genauer an, so erkennt man eine Kamelie. So errät vielleicht mancher Besucher, der ihren wahren Namen nicht kannte, den Zusammenhang. Die »ici repose« (hier ruht), war in ihren kurzen, aber bewegten Pariser Tagen nicht als Alphonsine Plessis, sondern als »Kameliendame« bekannt. So heißt auch der Roman, den Alexandre Dumas (Sohn) über sie geschrieben hat, und ebenso das nicht weniger berühmte Theaterstück, das er später aus den wichtigsten Szenen des Romans zusammenzog. Von den vielen Dingen, die über das Mädchen Alphonsine Plessis erzählt wurden, stimmen vor allem zwei immer überein: daß sie ungewöhnlich schön war und daß sie stets eine Kamelie trug, manchmal auch einen ganzen Strauß dieser Blumen. Es sollen an fünfundzwanzig Tagen des Monats weiße, an den restlichen fünf oder sechs rote gewesen sein.

Das Grabmal läßt auf eine bemittelte, eine vornehme Verstorbene schließen. Der Schluß trügt. Alphonsine Plessis war ein armes Mädchen vom Lande, das nach Paris verschlagen wurde. Als sie starb, buchstäblich verzehrt von ihrer langen Krankheit, standen die Wachen der Gläubiger im Vorraum ihres einsam gewordenen, einst so begehrten Schlafzimmers und achteten darauf, daß von den letzten ihr verbliebenen Habseligkeiten nichts aus dem Hause getragen würde. Bei ihrer Beerdigung muß eine seltsame Gesellschaft versammelt gewesen sein: nicht die hohen Aristokraten und reichen Bürger, die einst Unsum-

Das Grabmal der »Kameliendame« Alphonsine Plessis,
auf dem Montmartre-Friedhof in Paris

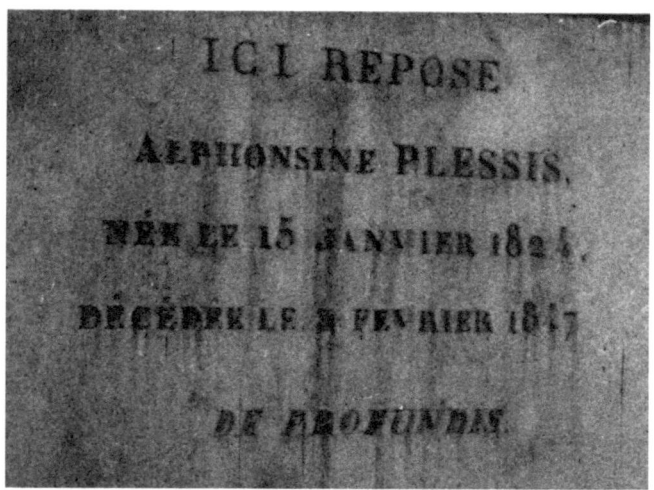

Die verwitterte Inschrift: »Ici repose . . .« auf dem Grabstein
der »Kameliendame«

men für ihre Gunst bezahlt hatten, sondern die Dichter, die
Künstler, die Bohemiens von Paris, die sie verehrten und die
mit vereinten Kräften das Grab und seinen Schmuck erstanden
hatten. Und einer von ihnen war es, der sich mit dem steinernen
Mal nicht begnügte, sondern ihr ein literarisches Denkmal
setzte, über das mehrere Generationen von Lesern in allen
Ländern in Tränen ausbrachen: Alexandre Dumas (Sohn).
Alphonsine Plessis verfiel in Paris den Lockungen, mit denen
das Geld sich alles anzueignen weiß, so auch weibliche Schön-
heit und Anmut. Wir wissen nicht, was Alphonsine Plessis war,
bevor sie irgendeines Mannes Geliebte und bald darauf, vom
Reichtum immer höher und höher lizitiert, die begehrteste
Kurtisane der Weltstadt wurde. Sie kam, wohl beinahe über
Nacht, aus den armseligen Kreisen, in denen sie vielleicht ein
Midinettenschicksal erwartete, hinauf in die Kreise der reichen
Oberschicht. Die wohlhabendsten Männer Frankreichs bewar-
ben sich um ihre Gunst, Herzöge, Grafen, Marquis lagen ihr zu
Füßen, bereit sich dafür zu ruinieren, ihr Begleiter, ihr

Beschützer, ihr Liebhaber für einige Wochen oder Monate zu werden. Es waren Männer jeden Alters und gänzlich verschiedener Charaktere; aber das gemeinsame Leben des Müßiggangs, der täglichen Feste, Theater und Orgien verband sie, ob sie nun Renten in Millionenhöhe besaßen oder von einigen wenigen Tausenden im Jahr. Alexandre Dumas hat – nach dem Roman »Die Kameliendame«, der ihn über Nacht berühmt machte – einen weiteren Roman geschrieben, der das Wort »demimonde« schuf und in Umlauf setzte, die »Halbwelt« als Bezeichnung für jene Gesellschaft der skrupellosen Prasser und ihrer Mätressen.

Als Alphonsine Plessis in die »Halbwelt« eintrat oder ohne viel eigenes Zutun in sie versetzt wurde, da zahlreiche Männer ihre Schönheit zu besitzen begehrten – sicherlich weit mehr aus Eitelkeit denn aus Leidenschaft oder gar aus Liebe –, änderte sie ihren Namen. Jemand hatte ihr gesagt, lange Zunamen klängen vornehmer als kurze, und so nannte sie sich, ohne ihre Phantasie stark anstrengen zu müssen, Marie Duplessis. Als Alexandre Dumas der Jüngere dann ihre Lebensgeschichte in einem Roman niederlegte, fand er weder Alphonsine Plessis noch Marie Duplessis interessant und reizvoll genug für eine so bezaubernde und hinreißende Persönlichkeit, und so nannte er sie Marguerite Gautier; ein Name, mit dem sie noch tausendmal bekannter werden sollte als im zeitgenössischen Paris unter dem von ihr angenommenen. Wir wissen nicht, wann sie die Eigentümlichkeit erwarb, stets mit Kamelien geschmückt zu leben, sei es in ihren immer glanzvoller werdenden Salons, sei es auf den Straßen von Paris, den Champs Elysées etwa, wo sie manchmal ihre Equipage verließ, um einige Schritte zu Fuß zu gehen, sei es auf rauschenden Festen, auf denen ihr Benehmen sich in nichts von jenem der Gattinen von Aristokraten oder Großbürgern unterschied, sei es in einem der zahlreichen Pariser Theater, in denen sie jeder Premiere beizuwohnen pflegte. Man sah sie, beobachtete sie überall, brachte jeden der Männer, der ihr soeben vorgestellt wurde oder den sie wie einen alten Freund begrüßte, in eine intime Beziehung zu ihr. Nur in ihren eigenen Kreisen wußte man stets genau, wer sich soeben ihrer Gunst erfreute; oder, mit anderen Worten, wer soeben die Ehre hatte, für ihren kostspieligen Aufwand aufzukommen

Marie Duplessis, die historische »Kameliendame«,
Miniatur eines unbekannten Künstlers

und damit gewisse Rechte auf sie geltend machen zu dürfen.
Das alles hatte mit Liebe wenig oder gar nichts zu tun. Marie
Duplessis eine Zeitlang zur Mätresse zu haben, das war ein
Statussymbol (wie man es heute nennen würde), das seinen
Preis hatte. Ein Besitzerwechsel dieses menschlichen Eigen-
tums trat zumeist nur dann ein, wenn ein noch reicherer, noch
höherer Herr den vorherigen verdrängte oder wenn dieser um
seiner Mätresse willen sein gesamtes Vermögen verschleudert
hatte; und er vollzog sich wie eine Wachablösung, in geregelter
Form und ohne mehr Aufsehen, als die Neugier einiger weniger
Betrachter.
Marie (oder Marguerite, wie sie in Roman und Theaterstück
heißt) hatte dieses Spiel rasch und voll erfaßt. Sie war anmutig

221

und schön, launenhaft und anspruchsvoll. Im Roman wird erzählt (im Theaterstück und der Oper »La Traviata« kommt es nicht vor), daß eines Tages in einem Kurort ein überaus reicher und vornehmer Herzog sie gewissermaßen an Tochterstatt annimmt, da sie seiner soeben verstorbenen Tochter im Aussehen wie im Alter so sehr gleicht, daß er meint, das geliebte Kind lebe nun in der schönen Unbekannten weiter. Er war jahrelang ihr Begleiter und Beschützer, ohne etwas anderes bei ihr zu suchen, als Stunden traulichen Beisammenseins und gemeinsamer Ausfahrten. Marguerite schien es recht zu sein, denn sie konnte sich dieserart jeden nur erdenklichen Luxus leisten und war nicht zu jenen Gegenleistungen verpflichtet, die ihr manchmal widerlich schienen.

Dieses Kurtisanenleben – eines von hundert ähnlichen im Paris jener Jahrzehnte, wenn auch in manchem Punkt besonders auffällig und glänzend – wäre kaum einer näheren Beschreibung in Roman, Theaterstück und Oper würdig, wenn es nicht durch etwas Unvorhergesehenes, ja Unvorhersehbares eine völlige Wende erfahren hätte. Marie oder Marguerite oder Violetta Valéry (wie sie schließlich in der Oper »La Traviata« heißen wird) verliebte sich. Verliebte sich wie jedes Nähmädchen, wie jede Frau jedes Standes; das bis dahin ihr unbekannte Gefühl überwältigte sie, veränderte sie, ließ sie ihr bisheriges Leben mit wachsendem Abscheu betrachten. Ihr Wunsch, ganz und allein dem Geliebten anzugehören, wuchs bei jedem Zusammensein, überwältigte sie und wurde in gleichem Maße von dem jungen Manne erwidert, der sich, fast überraschend, von Marguerites Liebe überströmt sah und auch nur noch den einzigen Gedanken hegen konnte, wie er sie für immer an sich binden, für alle Zeiten selig an ihrer Seite leben könnte. Sie verwirklichen ihren Traum, Marguerite und . . ., ja, wie sollen wir ihn nennen? Im Roman wird er Armand Duval genannt; weisen die Anfangsbuchstaben AD darauf hin, daß hier Alexandre Dumas selbst sich hinter einem romanhaften Ebenbild verbirgt? In der Oper werden Verdi und sein Textdichter Piave ihn Alfredo Germont nennen. Doch wie immer er heißen möge, das Idyll stößt grausam mit der Wirklichkeit zusammen. Marguerite ist gewöhnt, Hunderttausende im Jahr auszugeben, Armand aber besitzt nur eine Rente, die kaum ein Zehntel dieser Beträge ausmacht. Marguerites Liebe jedoch ist echt: nun mißt sie nichts mehr am Geld ihrer einstigen Liebhaber oder Beschützer, denn sie erfährt leuchtend und herrlich an sich selbst, daß wahre Liebe keinen Preis, keine Umsetzung in klingende Münze haben kann. Ohne dem Geliebten etwas davon zu sagen, beginnt sie, ihr Besitztum zu verkaufen: Schmuck, Pferde, Wagen, Pelze, Tafelgeschirr, Vasen. Sie will ihn nicht kränken, ihn die Beschränktheit seiner Mittel nicht fühlen lassen. Er entdeckt, was hinter seinem Rücken vorgeht, beschließt, sich selbst Geld zu verschaffen, um der Geliebten jeden Luxus, an den sie gewöhnt ist, weiter gewähren zu können. Er will von seinem Vater, dem rechtschaffenen Bürger in einer Kleinstadt, das Erbteil der verstorbenen Mutter ausgezahlt erhalten, und er sinnt auf andere Dinge, die er der Geliebten wegen zu Geld machen kann.

Da erscheint sein Vater, wutentbrannt über den »Wahnsinn«, in den sein Sohn sich verrannt hat. Armand soll diese Kurtisane, die ihn offenkundig zu Grunde richtet, sofort verlassen. Doch Armand hält fest zur geliebten Frau. Da begibt der sittenstrenge Vater in voller Überzeugung seiner Autorität und dem Glauben an seine gottgewollte Mission sich persönlich zu der Verworfenen. Er findet nicht, was er geglaubt; das feine, liebevolle Wesen Marguerites mildert den vorgefaßten Zorn. Aber zwischen seiner Welt und der ihren – von der er nicht glaubt, daß jemand, der in ihr gelebt habe, sie je verlassen könne – gibt es keinen Ausgleich, keine dauerhafte Brücke. Vater Duval (in der Oper wird er Vater Germont heißen) fordert von Marguerite das Opfer ihrer Liebe. Er ahnt nicht, daß es das ihres Lebens sein wird. Um seine Tochter standesgemäß vermählen zu können, muß der Sohn jede Verbindung zur »demimonde«, zur Kurtisane abbrechen. Armand muß belogen werden, niemals darf er die Wahrheit erfahren. Marguerite muß Überdruß heucheln, Sehnsucht nach ihrem früheren Luxusdasein. Sie kann es nur unter Aufgebot ihrer letzten Kräfte.

Von diesem Tage an ist die Kameliendame ein völlig gebrochenes Wesen. Mit ihrer Gesundheit geht es schnell bergab. Sie erträgt nicht mehr lange die Demütigungen, die der verlassene Armand ihr nun unausgesetzt zufügt. Nach einer furchtbaren Szene, in der er sie vor einer Festgesellschaft erniedrigt und beschimpft, bricht sie völlig zusammen. Armand geht auf Reisen. Der Roman läßt ihn fern der Geliebten weilen, als diese armselig und verlassen stirbt. Das Theaterstück und die Oper aber lassen ein solches Ende nicht zu: die Liebenden umarmen einander noch einmal, bevor der Tod Marguerite (oder Violetta) im Augenblick letzter, höchster Seligkeit von der Brust Armands-Alfredos reißt . . .

Alexandre Dumas Sohn erzählt diese ergreifende Geschichte in literarisch interessanter Form: er läßt sie sich von »Armand« berichten und stellt nur in Ichform den Rahmen dazu her. Er schildert seine Bekanntschaft mit Armand als vollständigen, wenn auch seltsamen Zufall: Da er selbst die »Kameliendame« von flüchtigen Begegnungen auf den Champs Elysées kennt und von ihrem Liebreiz bezaubert ist, besucht er, auf die Nachricht von ihrem Tode hin, ihre Wohnung, wo die zur Versteigerung ausgestellten Gegenstände ihres einstigen Besitzes zu sehen sind. Er nennt sogar die Adresse: Rue d'Antin 9. Ein fiktives Domizil, um dem Roman Glaubwürdigkeit zu verleihen oder wirklich die letzte Wohnstätte der unglücklichen Marie Duplessis oder Marguerite Gautier, der »Kameliendame«? Dort ersteigert er ein Buch aus ihrem Nachlaß: Die Geschichte der Manon Lescaut, einen der meistgelesenen Romane der französischen Literatur, im Jahre 1731 vom Abbé Prévost niedergeschrieben. Im Buch findet er eine eigenartige Widmung an die Besitzerin. Wenige Tage später besucht ihn der ihm völlig fremde Schreiber dieser Widmung, ein junger Mann, soeben von einer längeren Auslandsreise heimgekehrt und in sichtlich erregtem Zustand: Der Auktionator konnte ihm den Käufer des Buches nennen und so stürzt er beinahe in dessen Wohnung, um das Buch noch einmal zu sehen. Es bedeutet ihm offenkundig sehr viel, und als er es in Händen hält, bedarf es kaum einer Aufforderung, ihn die Geschichte dieses Geschenks an die »Kameliendame« und damit die verworrene und tragische Geschichte seiner Liebe zu ihr erzählen zu lassen. Sie bildet den Inhalt des Romans. Das Buch führt durch Höhen und Tiefen eines Frauenschicksals, durch eine korrupte, dekadente Gesellschaft. Aus der Kurtisane Marguerite Gautier wird eine liebeerfüllte Frau, die im Augenblick, da ein Mann ihr zum ersten Mal im Leben mit hingebungsvollen

Anna Moffo als Violetta, eine hervorragende Darstellerin
dieser Rolle, bei einem Gastspiel im April 1970,
an der Bayerischen Staatsoper, München.
(Inszenierung: August Everding)

und innigen Worten von wahrer Liebe statt von bezahlter
Hingabe ihres Körpers spricht, einen tiefen Verwandlungspro-
zeß durchzumachen beginnt. Marguerite Gautier wird aus einer
käuflichen Frau – die sich lediglich durch das soziale Niveau
ihrer Kunden und eine gewisse Beständigkeit in einigen dieser
Beziehungen von ihren Gefährtinnen des Großstadtpflasters
unterscheidet – zur opferbereiten, alles Materielle verachten-
den Liebenden. Sie, die immer nur zu nehmen bereit war,
erwacht zum Geben; die nur an sich selbst gedacht hatte,
vergißt sich selbst und lebt für einen anderen, den geliebten
Mann.
Der Roman erregte berechtigtes Aufsehen. Er enthielt alles,

was das frivole und doch romantische Publikum jener Zeit zu
lesen wünschte: den Einblick in das Leben einer Kurtisane, die
Entblößung einer herzlosen Welt, die Herrschaft des Geldes
und seiner skrupellosen Besitzer, denen nur, was sie »Genuß«
nennen, erstrebenswert erscheint, die wahre Liebe, die über
die Niedrigkeiten des Lebens zu siegen vermag, das edelmütige
Opfer des eigenen Glücks, ja Lebens, um dem des einzig
Geliebten nicht im Wege zu stehen, der frühe Tod, dessen
letzte Verklärung kein Auge trocken ließ. Alexandre Dumas,
Sohn des berühmten gleichnamigen Vaters, der mit vielen
Romanen – so vor allem den »Drei Musketieren« (1844) und
dem »Graf von Monte Christo« (1845) – Ruhm und Vermögen
erworben hatte, erwies sich mit dem 1848 erscheinenden
Roman »Die Kameliendame« als nicht weniger erfolgreich. So
sehr, daß er vier Jahre später die erzählende Form in ein
wirkungsvolles Theaterstück umgießen konnte, das bis in die
fernsten Winkel der westlichen Welt ausstrahlte und von den
größten Schauspielerinnen – Sarah Bernhardt, Eleonora Duse
und vielen anderen kaum weniger berühmten – ungezählte
Male dargestellt wurde. Dumas der Jüngere trat damit nicht nur
die Nachfolge seines Vaters an, sondern auch das Erbe des
großen Honoré de Balzac, der mit seinen Schriften gegen die
hohle, heuchlerische, egoistische Gesellschaft seiner Zeit
zwanzig Jahre zuvor Aufsehen erregt hatte.

Das Echo der »Kameliendame« war stark. Während aber
andere Buch- oder Theatererfolge oft zahlreiche Vertonungs-
versuche zur Folge hatten, scheint Verdi der Einzige gewesen
zu sein, der die Umgestaltung der »Kameliendame« in eine
Oper für möglich hielt. Er veranlaßte seinen Lieblingslibretti-
sten Piave, eng nach dem Theaterstück ein Operntextbuch zu
verfassen. Doch kamen sie überein, die Namen des Dramas
nicht wörtlich zu übernehmen, um eine gewisse Selbständigkeit
ihres Werkes zu sichern. Und so wurde aus Armand ein
Alfredo, dessen Familienname nicht mehr Duval, sondern
Germont ist. Die Kameliendame selbst aber bekam ihren vierten Namen. Aus der geborenen Alphonsine Plessis, der Kurtisane Marie Duplessis und der von Dumas so genannten Marguerite Gautier wurde Verdis nun abermals unsterbliche
Opernheroine Violetta Valéry.

Verdi, seine Stoffe und Textdichter

Nach 17 Opern, deren Themen – mit Ausnahme vielleicht des textlich überaus schwachen »Stiffelio« – durchwegs mehr oder weniger den üblichen Stoffen der italienischen Frühromantik entsprachen (also *Donizettis* und *Bellinis* Werken sowie den ernsten Opern *Rossinis*) bedeutet »La Traviata« einen so deutlichen Vorstoß in dramatisches Neuland, daß es bei Besprechung dieser Oper wohl angezeigt erscheint, *Verdis* Stoffe und Textdichter ein wenig in den Vordergrund zu holen. Zumal es sich hier um einen der mißverstandensten Aspekte im Schaffen des Komponisten handelt. Er selbst hat zur falschen Auffassung, die mancher Biograph und viele Musikliebhaber von ihm haben, dadurch beigetragen, daß er sich selbst einmal als den »am wenigsten gebildeten unter den zeitgenössischen Musikern« nannte. Er hatte zwar sofort hinzugesetzt, daß er von Bildung spreche, nicht von musikalischem Wissen (in dem er sich, mit Recht, so hoch stellte wie irgendeinen seiner komponierenden Zeitgenossen), aber der Gedanke eines Mangels an literarischer Sensibilität, ja an Wahllosigkeit bei der Suche nach einem neuen Opernstoff konnte sich mit seinem Schaffen verbinden, ohne daß es bis heute gelungen wäre, diese Vorurteile gänzlich zu beseitigen. Es kann zwar nicht geleugnet werden, daß *Verdi* manches Mal ausgesprochen schwache, ja schlechte Textbücher zur Grundlage von Opern machte, doch geschah dies zumeist unter Zwang. Oder – der interessantere Fall! – er schätzte die musikalischen Qualitäten eines Librettos so hoch ein, daß er meinte, mit ihrer Hilfe literarische Schwächen mehr als ausgleichen zu können. Die Richtigkeit dieser an sich wohl anfechtbaren Auffassung zeigte sich vor allem im »Troubadour«, im »Simone Boccanegra«, im »Maskenball«, in der »Macht des Schicksals«.

»In meinen Anfängen besaß ich nicht den Mut, meine Ansichten über dramatische Wirkungen in die Tat umzusetzen. Zum Beispiel hätte ich noch vor zehn Jahren nicht gewagt, den ›Rigoletto‹ zu komponieren, heute hingegen würde ich es ablehnen, Stoffe wie den ›Nabucco‹ oder ›I due Foscari‹ usw. zu vertonen. Sie bieten zwar höchst fesselnde Szenen, aber ohne starke Kontraste, so daß sie mir jetzt sehr eintönig erscheinen. Es ist, als erklänge auf einem Instrument eine wohlklingende Saite, aber immer die gleiche.«

Diese Aussage *Verdis* aus den Fünfzigerjahren ist bedeutungsvoll. Einmal weil sie die Situation der Oper während seiner Anfangszeiten streift, in denen der Theaterdirektor oder Impresario in den meisten Fällen »seinen« Komponisten die ihm genehmen Textbücher einfach zuteilte. Er war es, der sie auswählte, wobei ihn die Zusammensetzung eines Ensembles, der Geschmack seines Publikums, die besondere Art der Ausstattung locken mochte, nicht aber der künstlerische Wert des zu schaffenden Werkes oder dessen Neuheit. Doch in *Verdis* Aussage steckt noch etwas anderes, ein wenig Wichtigeres: das Bewußtsein einer Entwicklung. Gerade so wie *Wagner*, als er vor seinem inneren Auge den »Ring des Nibelungen« erstehen sah, den »Rienzi« weit hinter sich gelassen hatte, so fühlte der *Verdi* der »Traviata« sich weit über »Oberto«, »Lombardi«, »Ernani« hinausgewachsen. Bei beiden Opernschöpfern wird der Zug zum »Musikdrama« deutlich, den man so oft irrtümlich für »wagnerisch« hält. *Verdis, Bizets, Mussorgskis* und vieler anderer Weg zu dieser Form ist keine Nachahmung *Wagners*; es sind parallel laufende Pfade zu einem gemeinsamen Ziel, das der »Zeitgeist« vorschrieb und unerbittlich verfolgte.

Zum Opernkomponieren gehören – man könnte sagen: wie zur Liebe und zum Kriegführen – immer zwei (die allerdings, wie bei *Wagner*, in äußerst seltenen Fällen in Personalunion existieren können): der Textdichter und der Musiker, auch Librettist und Komponist genannt. Der Vergleich mit Liebe und Kriegführen stellt hier keine schale Metapher dar, er bekommt in der Betrachtung dieses Verhältnisses recht deutliche Bezüge. Das Zusammenwirken des Textverfassers mit dem Komponisten kann mit Feindseligkeiten gespickt sein, wie in mancher später guten Ehe müssen sich beide gelegentlich »zusammenraufen«. Zwischen ihnen tobt ein – oft unbewußter – Kampf um die Vorherrschaft; Spannungen sind an der Tagesordnung. Die Koexistenz zweier Künste – Dichtung und Musik – stellt das Grundproblem des Opernschaffens dar. »Prime le parole, dopo la musica«, wie oft ist dieser Satz zitiert, seine Aussage diskutiert worden! Er beinhaltet *Monteverdis* Prinzip, also die Überzeugung des frühesten Opernklassikers, der als feststehend annahm, der Text sei das Primäre, Grundlegende, die Musik nur dessen Auskleidung, aber auch Erhöhung in Regionen, die eben nur der Musik zugänglich seien. (»Wo die Worte enden, beginnt die Musik«, wird ein romantischer Dichter es ausdrükken.) Anderthalb, zwei Jahrhunderte nach Monteverdi wird dessen Grundprinzip in das genaue Gegenteil verkehrt sein: »Prima la musica...«, zuerst, zu oberst, vor allem die Musik! So lautete das Glaubensbekenntnis der Oper im Spätbarock, im Rokoko, in der »Klassik«, so bei *Mozart*. So galt es auch noch zu Beginn des 19. Jahrhunderts, in der Epoche der »Belcantisten«, bei *Donizetti, Bellini, Rossini*. Das entsprach der berühmten Sentenz des Letzteren, der, nach dem wichtigsten Element der Oper gefragt, geistreich und überspitzt wie immer antwortete: Nur drei Dinge seien vonnöten –, voce, voce, voce! Die Stimme aber kümmert sich wenig um den Text, sondern nur um die Melodie...

Ob der Komponist einen »klassischen« Text vertont – wie *Verdi* es vor allem mit *Shakespeare* und *Schiller* tat – oder einen eigens für ihn verfaßten: die Gestalt des Librettisten ist aus dem Schaffensprozeß der Oper nicht fortzudenken. (Die Tendenz, dramatische Bühnenwerke ohne wesentliche Kürzungen zu Opern umzugestalten – die sogenannte »Literaturoper« – ist eine Form des 20. Jahrhunderts und war zu Zeiten *Verdis*, als noch Arien und Ensembles das Rückgrat der Oper bildeten, völlig undenkbar.) Der Stand des Librettisten war in der Hierarchie der Oper äußerst wichtig, hoch angesehen und entsprechend gut bezahlt. Das sollte mit einigen Sätzen erläutert werden. Angenommen, ein Theaterstück hat eine Spieldauer von zwei Stunden; der gleiche Text würde sich, gesungen statt gesprochen, auf ein Mehrfaches ausdehnen, also 6, 8 oder sogar noch mehr Stunden dauern. Das ergibt, ohne weitere Erklärungen, bereits die Notwendigkeit, ursprüngliche Dramentexte erbarmungslos auf ein Drittel oder Viertel ihrer Länge zusammenzustreichen, um einen brauchbaren Operntext zu erhalten. Die tiefe Problematik liegt auf der Hand: welcher Dramentext ist so wenig »dicht«, daß er ohne Substanzverlust eine solche Kürzung hinnehmen könnte? Je handlungs- und beziehungsreicher ein Theaterstück ist, desto schwieriger wird seine Umformung zu einem Opernlibretto. Das erklärt zum Beispiel auch *Verdis* lange Zeit »unglückliche« Liebe zu *Shakespeare*: nach einem (großartigen) »Macbeth«, der sich nie ganz durchsetzen konnte, und einem »König Lear«, den er jahrelang plante und dessen Bruchstücke er verzweifelt verbrannt zu haben scheint, entsagte er diesem seinem Lieblingsdramatiker –, bis zu Ende seines Lebens in der Gestalt *Arrigo Boitos* der bedeutende Librettist erschien, der das »Wunder« vollbrachte, »Othello« und »Falstaff« so für *Verdi* zu bearbeiten, daß damit dem schon resignierten Maestro der Traum seines Lebens in Erfüllung ging.

In vielen Fällen aber war der Opernlibrettist kein »Bearbeiter« fremden literarischen Gutes, sondern selbständiger dramatischer Schriftsteller. (Suchte man nach einer Parallele in unserem Jahrhundert, so fände man sie mühelos und exemplarisch in der Arbeit des großen Dichters *Hugo von Hofmannsthal* für *Richard Strauss*: »Der Rosenkavalier«, »Ariadne auf Naxos«, »Die Frau ohne Schatten«, »Arabella«.) Wie immer: ob es sich um die überaus heikle Kürzung bestehender Dramen handelt oder um ein Neuschaffen, die Arbeit des Opernlibrettisten ist eine Talent, Anpassungsvermögen und Verantwortungsbewußtsein erfordernde Aufgabe, die nur in Dekadenzzeiten des Musiktheaters zur Beschäftigung von Unbedeutenden und Unbegabten herabsank. Diese scheiterten nicht nur in Eigenschöpfungen, sondern mindestens ebensosehr in der Bearbeitung von Meisterwerken; ja bei diesen noch schmerzlicher, da die Kluft zwischen dem Genie der Originalautoren und der Hilflosigkeit ihrer Bearbeiter oftmals sehr schmerzlich fühlbar wird. *Lortzing,* der glänzende deutsche Opernpraktiker, Zeitgenosse des frühen *Verdi,* hat sich mit der Frage des Librettos befaßt und vom »verschollenen Mittelgut« gesprochen, das die besten Operntexte ergebe. In der Geschichte der Oper hat sich immer wieder gezeigt, daß weniger die »großen« Dramen und Stoffe für das Musiktheater geeignet sind: »Tatsächlich hat nicht die Plünderung der Klassiker-Schatzkammern, sondern der Griff in den Alltagsfundus des Schauspielrepertoires die ergiebigste und wertbeständigste Beute eingebracht«, drückt der bedeutende Opernkenner *Kurt Honolka* diesen Gedanken aus und erhärtet ihn mit einer Liste der heute »gängigsten«

Teatro La Fenice in Venedig

25 Opern, unter denen sich nur zwei literarische Meisterwerke befinden: *Verdis* »Othello« und *Mozarts* »Figaro«, *Shakespeare* also und *Beaumarchais.*
Tun wir einen Schritt weiter und untersuchen wir hier *Verdis* Stoffe auf ihre Herkunft. Von seinen *Shakespeare*-Vertonungen haben wir schon gesprochen. Zu seinen Favoriten gehörte vor allem auch *Schiller.* Nicht weniger als vier von dessen Dramen hat er zu Opern umgewandelt: »Die Jungfrau von Orléans« (1845), »Die Räuber« (1847), »Kabale und Liebe« (1849) und »Don Carlos« (1867), die zu den Operntiteln »Giovanna d'Arco«, »I Masnadieri«, »Luisa Miller« und »Don Carlo« bzw. »Don Carlos« wurden. Wieder stimmt *Lortzings* These (die übrigens vor diesen Opern ausgesprochen wurde): Drei dieser vier Werke erscheinen selten oder so gut wie nie auf den Spielplänen, einzig der großartige »Don Carlos« ist Repertoirestück, wo Opernhäuser über die nötige große Besetzung mit guten Sängern verfügen. Illustren Ursprungs ist eine andere vergessene *Verdi*-Oper ebenfalls: »Alzira«, ein Schauspiel aus dem Zusammenprall der alten Kulturen Amerikas mit den spanischen Conquistadoren, stammt von Voltaire. Daß des Zeitgenossen *Victor Hugo* Dramen *Verdis* Aufmerksamkeit in

231

hohem Maße fesselten, ist verständlich: ihre geistige Einstellung, das stark romantische Grundelement des Jahrhunderts verband sie. So entstand der seinerzeit überaus erfolgreiche »Ernani« (1844) und die Durchbruchsoper zum Weltruhm, »Rigoletto« (1851), beide übrigens – wie »La Traviata« – im Fenice-Theater Venedigs uraufgeführt.

Unter den frühesten Opern *Verdis* überwiegen die eher unbedeutenden literarischen Quellen. Der Autor des »Oberto«, mit dessen Vertonung *Verdi* sich den Zugang zu den Theatern öffnete – und es war gleich die Mailänder Scala! –, ein gewisser *A. Piazza*, ist längst vergessen. Vom Librettisten *Solera* aber, der diesen Stoff für *Verdis* Vertonung zubereitete, muß noch gesprochen werden. Das nächste Werk *Verdis* wurde zu seinem ärgsten Fehlschlag: »Un giorno di regno« oder auch »Il finto Stanislao«. Gerade dieses Lustspiel aber wies als Verfasser den damals namhaftesten Textdichter auf: *Felice Romani*. Der hatte die meisten Opern *Bellinis* gedichtet, hatte die Textbücher zu *Donizettis* »Liebestrank«, »Anna Bolena«, »Lucrecia Borgia« geschrieben und mit den damals berühmten Komponisten *Meyerbeer, Saverio Mercadante, Simon Mayr* zusammengearbeitet. *Verdis* Partitur zu diesem einzigen Lustspiel – vor dem »Falstaff«, mit dem sein Lebenswerk schließen wird – steht unter einem unglücklichen Stern: Er mußte diese Komödie mit blutendem Herzen schreiben, nach kurzem Ehe- und Familienglück allein geblieben durch den tragischen Tod der Gattin und der beiden Kinder. »Un giorno di regno« blieb *Verdis* einziges Werk, das nur einen Abend über die Bretter ging und schon vor der Wiederholung abgesetzt wurde; aber welcher Komponist hätte unter solchen Umständen ein gutes Lustspiel schreiben können? Mit dem nächsten Titel begann sein Aufstieg: wieder hatte *Solera* den Text verfaßt, dem er eine der dramatischsten Bibelepisoden – die Befreiung der Juden aus babylonischer Gefangenschaft – zugrunde legte. Verdi selbst hat, wie wir sahen, über dieses Libretto zu »Nabucco« recht hart geurteilt, aber es waren packende Situationen, die *Solera* hier in Worte gefaßt hatte, ja in so dichterische, daß der Gefangenenchor zu einer Art Nationalhymne des zur Einheit strebenden Italiens wurde: »Va, pensiero, sull'ali dorate ... (»Steig', Gedanke, auf goldenen Flügeln« in der meistgebrauchten deutschen Übersetzung).

Francesco Maria Piave,
Librettist der Verdi-Oper »La Traviata«

Solera wurde auch der Textdichter von *Verdis* nächster Oper,
den »Lombardi«, einem Stoff aus den Kreuzzügen, mit großen
Chorszenen und kirchlichen Zeremonien, die den Widerstand
der Zensur hervorriefen und so das patriotische Interesse
(gegen die Besatzungsmacht der Österreicher) steigerte. Mit
»Ernani«, der folgenden Oper, tritt – vorläufig für zwei
Werke – *Francesco Maria Piave* als Librettist zum ersten Mal in
Verbindung mit *Verdi*. Er behält diese Rolle bis zu seinem
Siechtum und völligen geistigen Verfall bei. Bei nicht weniger
als 9 Opern *Verdis* wird sein Name neben dem des inzwischen
weltberühmt gewordenen Maestro stehen: »Ernani« (1844), »I
due Foscari« (1844), »Macbeth« (1847), »Il Corsaro« (1848),
»Stiffelio« (1850), »Rigoletto« (1851), »La Traviata« (1853),

233

»Simone Boccanegra« (1857), »La forza del destino« (1862). Dazwischen schieben sich noch zwei von *Solera* textierte Titel: der nach einem Drama des deutschen Dichters *Zacharias Werner* bearbeitete Hunnenstoff des »Attila« (1846) und die schon früher erwähnte *Schiller*-Bearbeitung »Giovanna d'Arco« (Die Jungfrau von Orléans) ein Jahr zuvor. Doch gerade diese Arbeit zeigt die Grenzen solcher Möglichkeiten beinahe erschreckend auf: Was *Solera* aus *Schillers* Stück, was vier Jahre später *Verdis* neuer Textdichter, der mit »Alzira« (1845) in sein Leben getretene *Salvatore Cammarano* aus »Kabale und Liebe« machten, überschreitet die Grenze zum Sakrileg; hier werden literarische Meisterwerke schonungslos einer geltenden Opernpraxis geopfert.

Ist der Komponist nicht mitschuldig? Und ist besonders *Verdi*, der oftmals bedeutenden Einfluß auf seine Librettisten nahm, gänzlich freizusprechen? *Verdi* suchte vor allem den dramatischen Effekt, er überlegte, ob das Sujet ihm die ersehnten Entfaltungsmöglichkeiten für die Musik gab, ob es menschlich ergreifen konnte, ob ein »echtes« Drama vorlag, also ein unausweichlicher Zusammenstoß entgegengesetzter Charaktere. Diese Prinzipien suchte er selbst in seinen Anfängen zu vertreten, durchzusetzen, auch wenn ihm von übergeordneter Seite beinahe Befehle für die Stoffwahl erteilt wurden. Wirklich frei aber und infolgedessen voll verantwortlich auch für den dramatischen Teil seiner Opern wurde *Verdi* erst in den Fünfzigerjahren. Vielleicht war »Rigoletto« das erste ihn völlig begeisternde Textbuch, das er vertonte. Er bestand gegen manchen Widerstand auf dem vielgelästerten Libretto des »Trovatore«, und er war es, der »Die Kameliendame« zum Opernstoff ausersah.

Doch auch schon in seiner Frühzeit wissen wir von Episoden, die ihn oft genug beinahe als Mitautor der literarischen Grundlage seiner Opern erscheinen lassen. *Solera* zwang er mit drastischen Mitteln zur Umarbeitung seiner »Nabucco«- Verse« er sperrte ihn so lange in ein Zimmer, bis er *Verdis* Wünsche ausgeführt hatte. Bei *Piave* waren solche Maßnahmen nicht notwendig. »Der Poet macht alles, was ich will«, stellt der Maestro fest, und Piave bestätigt es mit den Worten: »Der Maestro will es so, und das genügt.« Für »Macbeth« schrieb *Verdi* einen vollständigen Prosaentwurf nach *Shakespeares*

Drama, bevor er *Piave* die Verse verfassen hieß. Für die – viel spätere – »Aida« wird *Verdi* selbst eine Reihe von Szenen entwerfen, an die der Textdichter *Ghislanzoni* sich dann halten muß.

Temistocle Solera war übrigens (wie *Honolka* in seinem Buch »Eine Geschichte des Librettos« sehr anschaulich schildert) ein »mittelmäßiger Literat, dessen exzentrisches Leben interessanter ist als sein Schaffen«. Er brannte als Siebzehnjähriger aus einem Wiener Gymnasium durch, schloß sich einem Zirkus an, wurde der Geliebte von dessen Direktorin, betätigte sich als Reiter, Fechter, Journalist und schließlich als poetisches Oberhaupt eines Mailänder Literatenzirkels. Nach erfolgreichen Arbeiten für *Verdi* verschwindet er, »taucht in Livorno ausgerechnet als Wasserträger auf, heiratet eine Sängerin, mit der er nach Spanien geht. Er muß ein charmanter Mensch gewesen sein, denn in Madrid gelingt es dem Habenichts, vertrauter Ratgeber der *Königin Isabel* zu werden. Als *Napoleon III.* 1859 das Signal zur Erhebung Italiens gegen die Habsburger gibt, ist *Solera* dabei, wird Geheimkurier *Vittorio Emanueles* und *Cavours*, nach dem Sieg Polizeidirektor in Florenz, aber das ist nichts für sein unruhiges Blut. Er geht nach Afrika, baut dem Khediven in Kairo einen Polizeiapparat auf, in Paris versucht er sich als Spekulant mit Antiquitäten, aber dabei verliert er den letzten Sou. Er kehrt in die Heimat zurück und stirbt arm und vergessen...« *(Honolka).*

Solera, zwei Jahre jünger als *Verdi*, stirbt übrigens erst 1878, über dreißig Jahre nachdem er sein letztes Libretto (»Attila«) für *Verdi* geschrieben hatte. Heute könnte er von den Tantiemen seines »Nabucco«, der auf zahllosen Bühnen gespielt wird, recht gut leben...

Piave war drei Jahre älter als *Verdi* und ein echter »Theatermensch«. Nach seiner Lehre als Typograph in Venedig wurde er Librettist am führenden Musiktheater dieser seiner Heimatstadt (er kam in deren durch die prächtigen Glaskunstwerke berühmten Vorstadt Murano 1810 zur Welt), dem Teatro La Fenice. Das war damals ein Beruf, da die großen Bühnen nicht wie heute einen Dramaturgen benötigten, sondern einen fest angestellten Textdichter, der gemeinsam mit verschiedenen Komponisten den damals starken Bedarf an neuen Opern

235

zu befriedigen hatte. So kam er auch mit *Verdi* in Verbindung, als dieser knapp über dreißigjährige Komponist ein Werk für die Fenice schreiben sollte: es wurde der erfolgreiche »Ernani«. Die angenehme Zusammenarbeit veranlaßte *Verdi, Piave* später immer wieder heranzuziehen, so daß die Liste der gemeinsamen Werke schließlich neun aufweist, die höchste Zahl unter allen literarischen Mitarbeitern *Verdis*. Ende der Sechzigerjahre erlitt *Piaves* Gesundheit einen völligen Zusammenbruch, viele Jahre siechte er an Gehirnparalyse in qualvollen Dämmerzuständen dahin, bis der Tod ihn 1876 erlöste. *Verdi* sorgte in dieser schweren Zeit freundschaftlich für ihn und später für seine Witwe.

Mit »Alzira« (1845) trat *Salvatore Cammarano*, zwölf Jahre älter als *Verdi*, zum ersten Mal als Textdichter des Maestro auf den Plan. *Verdi* behandelt ihn mit vorzüglicher Hochachtung: er ist immerhin der Librettist der *Donizetti*-Opern »Roberto Devereux«, »Maria de Rohan« und vor allem «Lucia di Lammermoor«, erfolgreich auch als Mitarbeiter der damals vielgespielten Komponisten *Pacini, Mercadante* und anderer. Doch seine ersten Libretti für *Verdi* rechtfertigten seinen Ruhm kaum: weder »Alzira« noch »La battaglia di Legnano« – die Geschichte des Staufenkaisers *Friedrich Barbarossa*, der 1176 gegen die lombardischen Städte kämpfte – gehören zu *Verdis* besten Werken, wozu sicher auch die Textbücher beitragen. Immerhin fand die »Schlacht bei Legnano« starkes Echo, was eher durch ihre Bezüge auf die aktuelle revolutionäre Stimmung Italiens (wie schon bei »Nabucco« und »I Lombardi«), als durch einige schöne Musikstücke erklärlich ist. Mit seiner Bearbeitung von »Kabale und Liebe« (»Luisa Miller«, 1849) griff *Cammarano* dann völlig daneben: dem Napolitaner waren *Schillers* dramatische Feinheiten zu fremd. Dann finden wir ihn 1853 im Textbuch des »Troubadour« wieder. Er hat es zwar nicht mehr vollenden können – er starb 1852 –, aber der Entwurf stammt von ihm und . . . von *Verdi*. Das Libretto zum »Trovatore« gilt als eines der schlechtesten je vertonten; aber diese Oper gehört doch zu den populärsten und wirkungsvollsten der Geschichte –, ein seltsames Paradoxon. Oder nur ein scheinbarer Widerspruch?

Antonio Somma heißt *Verdis* nächster literarischer Mitarbeiter.

Er ist vier Jahre älter als der Maestro und hat als Bühnenautor einen geachteten Namen in Italien. Er wurde Theaterdirektor in Triest und später Rechtsanwalt. Zwei bedeutende Arbeiten hätten die Namen *Verdis* und *Sommas* vereinigt, wäre die eine nicht – vielleicht kurz vor dem Ziel – gescheitert: Wir wissen leider nicht, wie weit die Oper »König Lear« nach *Shakespeares* gewaltigem Drama bereits gediehen war, als *Verdi* die Arbeit, wohl nach schwersten inneren Kämpfen und in großer Verzweiflung abbrach. Während es im Leben nahezu aller anderen Komponisten zahlreiche nicht zur Vollendung gereifte Versuche gibt, begonnene, skizzierte Werke in verschiedenstem Grade der Ausführung, finden wir bei *Verdi* nur diesen einen abgebrochenen Entwurf. Und selbst dieser ist trotz intensiver Suche bis heute nur ungenügend dokumentiert: Kein Vers und keine Note zeugen davon, daß *Somma* und *Verdi* in ihrem Plan, einen »König Lear« zu schaffen, über Besprechungen hinausgekommen seien.

So verbleibt als einziges Textbuch *Sommas* für *Verdi* der »Maskenball«; er hat ihn nicht aus eigenem entworfen, sondern ein Drama des seinerzeit vielgespielten und äußerst prominenten Dramatikers *Eugène Scribe* (der auch für Verdi das Libretto zu »Les vêpres siciliennes« schuf) verwendet, das den historischen Mord am schwedischen *König Gustav III.* während eines Maskenballs bei Hofe zum Thema hat und schon erfolgreich von *Scribes* Landsmann, dem französischen Komponisten *Daniel Auber* vertont worden war. *Verdis* Zusammenarbeit beim »Ballo in maschera« mit dem Librettisten scheint besonders eng gewesen zu sein und so manches an diesem Text von *Verdi* zu stammen, so daß der feinfühlige Dichter sich lange weigerte, das Buch mit seinem Namen zu zeichnen.

Doch dies liegt bereits nach der »Traviata«, soll aber hier wenigstens andeutungsweise zu Ende geführt werden. 1859 erfolgte die Uraufführung des »Maskenball«. Dann kehrte *Verdi* noch für einmal zu *Piave* zurück, der das umstrittene Textbuch zu »Macht des Schicksals« (1862) schuf. *Piave* bearbeitete hier – sicher auf *Verdis* Vorschlag – das spanische Drama »Don Alvaro o La Fuerza del destino« des spanischen Bühnenschriftstellers und Historikers, aber auch Ministers und Diplomaten *Angel de Saavedra*, Herzog von Rivas.

Für das nächste Opernwerk – »Don Carlos«, 1867 – müssen französische Textdichter bestellt werden, denn es handelt sich um einen Auftrag der Pariser Oper: *Méry* und *Du Locle* entledigen sich der Aufgabe, *Schiller* für das Musiktheater umzuarbeiten, überraschend gut. *Camille du Locle* ist auch bei »Aida« (1871) beteiligt, denn er steuert die Grundidee bei – von deren seltsamer Geschichte unser Band »Aida«[1] in dieser Reihe ausführlich zu berichten weiß – die dann *Antonio Ghislanzoni* in die vertonbare Form bringt. *Ghislanzoni* war nach *Piaves* Tod eingesprungen, um dessen Neufassung der »Macht des Schicksals« zu vollenden. Nun vertraut der Maestro ihm die Oper an, von der er überzeugt ist, es werde seine letzte sein. Doch muß *Ghislanzonis* Mitarbeit sich auf das Ausfeilen schöner Verse beschränken, denn der reife *Verdi* hat nun die literarische Gestaltung so weit an sich gerissen, daß er seinem Mitarbeiter sehr genaue Angaben für den gewünschten Szenenablauf gibt, ja zumeist sogar die Anzahl der Verse vorschreibt, die er für seine Musik haben möchte, und zudem keinen Zweifel mehr darüber läßt, wo er Verse, wo hingegen er Prosa wünscht.

»Aida« blieb nicht *Verdis* letztes Bühnenwerk. Sechzehn Jahre später bejubelte das Publikum der Mailänder Scala eine neue Oper seines geliebten Maestro: »Othello«. Das Wunder ist groß, aber es hat doch auch einen irdischen Mitarbeiter: ohne *Arrigo Boito* hätte *Verdi* mit ziemlicher Sicherheit keine Oper mehr geschrieben. Und in *Arrigo Boito* fand er, mit annähernd 70 Jahren den großen, den ebenbürtigen Librettisten. Der war fast 30 Jahre jünger als er selbst, eine neue Generation war angetreten, ungleich anspruchsvoller im Dramatischen als die vorangegangene. Ihr – oder nur ihrem Vertreter *Boito*? – war möglich, woran *Verdi* stets verzweifelte: Shakespeare für das Musiktheater zu gewinnen. So wurden Verdis letzte beiden Werke »Otello[2]« und »Falstaff«[3] nicht zum geringsten durch die kongeniale Mitarbeit *Boitos* zum krönenden Abschluß eines langen Schaffens.

Nach diesem Rundblick über *Verdis* Opernstoffe und deren

[1] Serie Musik Nr. 8019
[2] Serie Musik Nr. 8024
[3] Serie Musik Nr. 8021

textlichen Bearbeitern fällt es nun nicht schwer, von der Besonderheit der »Traviata« zu sprechen. Hier tritt uns ein modernes Gesellschaftsdrama entgegen, wobei »modern« im Sinne der damaligen Zeit zu verstehen ist. Niemals vorher – abgesehen von dem Ausnahmefall des »Stiffelio«, der in vielfacher Beziehung untypisch für *Verdi* ist –, aber leider auch niemals nachher, hat der größte Meister der italienischen Oper einen Gegenwartsstoff vertont. Das blieb seinen Nachfolgern, den »Veristen« vorbehalten: *Puccini, Mascagni, Leoncavallo*, die sich als »Realisten«, als »Naturalisten« um Wirklichkeitsnähe und Aktualität bemühten. (In Deutschland war es ähnlich: *Wagner* vertonte überhaupt keinen Stoff seiner eigenen Zeit und überließ dies seinen Nachfolgern, von denen aber auch nur *d'Albert* – mit »Tiefland« – länger anhaltenden Erfolg fand, während die anderen, so *Richard Strauß* und *Pfitzner* darauf bedacht waren, die Oper nicht mit den Problemen der eigenen Zeit zu beladen, sondern in überschaubarer, historischer oder mythischer Ferne spielen zu lassen.)

Verdi aber versuchte den kühnen Griff. Hätte er der von ihm mit offenen Armen empfangenen jungen Generation seines Vaterlands nicht sagen können, daß das, was sie anstrebte, bereits vierzig Jahre früher in seiner »Traviata« verwirklicht worden war? Solche Hinweise, erhobene Zeigefinger, Selbstgefälligkeit lagen dem »großen Alten von Sant'Agata« nicht. Aber eine Geschichtsschreibung der Oper kann nicht an der Tatsache vorbeigehen, daß *Verdi* – als Erster und Einziger seiner Zeit – eine im Grunde sozial aggressive, dekadente Zustände schonungslos aufdeckende, echte Liebe und »Liebesgewerbe« einander hart gegenüberstellende Oper schon zu Anfang der Fünfzigerjahre geschaffen hat. Daß er dazu das geeignete Libretto finden mußte, ist klar. Doch das war nicht schwierig: die Literatur jener Epoche – vor allem in Frankreich, aber auch anderswo – war in der Wahl brennend aktueller Themen den anderen Künsten weit voraus. *Balzac, Zola*, die beiden *Dumas* (Vater und Sohn) schufen einen Naturalismus, der einer morschen, aber immer noch herrschenden Gesellschaft den Schleier vom Gesicht riß. Schwieriger war allerdings, einen solchen realistischen Stoff dem Musiktheater zuzuführen. Denn Musik, und ganz besonders die Musik jener Zeit, war romantisch, hatte stets alle menschlichen Probleme zu mildern, zu überbrücken, zu beschönigen versucht. Gab (oder gibt) es überhaupt eine naturalistische Musik? Sicher im Sinne einer Nachahmung der Natur: des Donners, des Sturms, des Bächleins, auch der Maschinen, der Weltstädte. Aber: romantisiert die Musik ihre Themen nicht zugleich, während sie ihnen nachzuklingen sucht?

Verdi hatte 1848 den eben erschienenen Roman »Die Kameliendame« des jüngeren *Alexandre Dumas* gelesen. Und er wurde unmittelbar gepackt. Als er nach dem Triumph des »Rigoletto« im Jahre 1851 an neue Werke dachte, beschäftigte ihn auch dieser Stoff. Den letzten Anstoß aber gab wohl die Theaterfassung, die *Dumas* im Jahre 1852 dem Pariser Publikum vorstellte. Hier war der Versuch, einen in längeren Zeiträumen spielenden Roman in die kurzen Augenblicksbilder eines Dramas zu verdichten, vorbildlich gelungen. Selbstverständlich mußte manches, vor allem das schildernde Element, die Einzeldarstellung von Zuständen und Personen, die genau durchgeführten psychologischen Abläufe geopfert werden, aber dafür gewannen Leben, Liebe und Sterben der Kameliendame eine unüberbietbare Unmittelbarkeit. Eine Tragik, die nicht von Waffentaten, heroischen Befreiungen, weltanschaulichen Zusammenstößen, patriotischer Selbstaufopferung, von Mord, Selbstmord, Gifttod stammte, sondern aus dem Alltagsleben zeitgenössischer Menschen. Natürlich nimmt auch hier, wie stets bei *Verdi* (und in der Oper allgemein) die Liebe den höchsten Stellenwert ein. Und natürlich ist es auch hier eine Liebe, der keine irdische Erfüllung bestimmt ist. Doch keine äußere Gewaltanwendung vereitelt sie; die Heldin stirbt an einer Krankheit, an jener furchtbaren Seuche, die zur Pest des 19. Jahrhunderts wurde: an Tuberkulose, der Lungenschwindsucht. Sie wütete unter der Jugend, und *Dumas* schildert sie als unausweichliche Folge eines sich im tollen Wirbel von Ausschweifungen aller Art verzehrenden jungen Lebens. Die Kameliendame, eine Pariser Kurtisane (deren Geliebter, unter vielen anderen, wohl *Dumas* selbst war) erklimmt, den Gesetzen ihres Lasterlebens zum Trotz, den Punkt, von dem aus eine Rettung noch denkbar wäre. Aber sie opfert sich – und darum ist das früher für sie gebrauchte Wort einer »Heldin« gar nicht so widersinnig, wie es auf den ersten Blick erscheinen mag – in höchstem Edelmut. Hier stoßen Realismus und Romantik eng zusammen. *Verdi* wies *Piave* an, *Dumas* Theaterstück zum Opernlibretto umzugestalten. Und mit einer inneren Begeisterung, die selbst bei diesem wahren Fanatiker des Schaffens selten war, schrieb *Verdi* in kürzester Frist eine ganz aus der Art schlagende, ungeahntes Neuland betretende Oper von der »Entgleisten«, der »vom rechten Wege Abgeirrten«, der »Traviata«. So völlig ungewohnt war dieser Stoff, so unfaßbar die Darstellung zeitgenössischer Gesellschaftszustände, daß bei der Premiere in Venedig die Handlung – in die Vergangenheit zurückverlegt und damit sinnlos wurde. Die »Traviata« spielt um 1840, und jede Darstellung in anderem Gewand verfälscht das Werk.

Warum *Verdi* nie wieder eine »Gesellschaftsoper«, ein aktuelles Zeitstück geschrieben hat, ist nie beantwortet worden. Glaubte er, trotz seiner Liebe zu diesem seinem Werk, nicht an eine Zukunft der wirklichkeitsnahen Oper?

Kurze Biographie Verdis

(unter besonderer Berücksichtigung der Jahre um die Entstehungszeit der Oper »La Traviata«)

1813 Am 10. Oktober wurde Giuseppe Verdi im Dörfchen Le Roncole, nahe der Kleinstadt Busseto in der Lombardischen Tiefebene, als Sohn des eine winzige Wirtschaft führenden Carlo und dessen Gattin Luigia geboren. Da die Region damals unter französischer Herrschaft steht, wird Verdi unter den Taufnamen Joseph, Fortunin, François in das Einwohnerregister eingetragen.

1814 Die Franzosen werden durch die Österreicher vertrieben, die ganz Norditalien (Lombardei, Venetien, Toscana, Parma) besetzen und der habsburgischen Monarchie für Jahrzehnte einverleiben.

Verdis Geburtshaus im ländlichen Flecken Le Róncole

Antonio Barezzi,
väterlicher Freund des jungen Verdi

1823 Verdi bezieht, mit Unterstützung seines äußerst wohlwol-
lenden Mäzens Antonio Barezzi, Großkaufmann und
Musikförderer, das Gymnasium in Busseto.

1824 Verdi spielt an Sonntagen die Orgel in der kleinen Kirche
von Le Roncole und beginnt das Musikstudium bei Fer-
dinando Provesi in Busseto.

1828 Rossinis »Barbier von Sevilla« wird in Busseto aufgeführt, wofür Verdi auftragsgemäß eine eigene Ouvertüre
komponiert und aufführt. Daneben entsteht eine Reihe
anderer kleiner Werke.

1832 Verdi erhält von der Herzogin Marie-Louise von Parma, Ex-Kaiserin von Frankreich, ein Stipendium für das Musikstudium in Mailand. Doch das dortige Konservatorium weist ihn aus nie ganz geklärten Gründen ab. Er bleibt trotzdem in Mailand, findet in Vincenzo Lavigna, Kapellmeister der »Scala«, einen ausgezeichneten Lehrer und besucht mit dessen Hilfe oft die Vorstellungen dieses führenden Operntheaters.

1836 Verdi heiratet die Tochter seines Gönners, Margherita Barezzi.

1837 Geburt seiner Tochter Virginia, die schon 1838 stirbt.

1838 Geburt seines Sohnes Icilio, der bereits 1839 stirbt.

1839 Erfolgreiche Uraufführung von Verdis erster Oper »Oberto, conte di Bonifacio« an der Mailänder Scala (17. November). Bekanntschaft mit der prominenten Mezzosopranistin Giuseppina Strepponi.

1840 Verdis tragisches Jahr: Tod seiner jungen Gattin Margherita und Fiasko seiner Lustspieloper »Un giorno di regno« (ursprünglich »Il finto Stanislao«) am 5. September in Mailand.

1842 Triumphale Premiere der Oper »Nabucco« an der Scala (9. März). Die Rolle der Abigail singt Giuseppina Strepponi, deren Schicksal sich nun immer stärker mit dem Verdis zu verknüpfen beginnt.

1843 Abermals an der Scala wird (am 11. Februar) Verdis Oper »I Lombardi alla prima crocciata« (Die Lombarden auf dem ersten Kreuzzug) uraufgeführt. Der Erfolg ist wiederum sehr stark, Verdi wird schnell bekannt, und mehrere seiner Chöre aus »Nabucco« und »I Lombardi« werden auf den Straßen als Manifestationen des italienischen Patriotismus und Unabhängigkeitswillens gesungen.

Verdi unternimmt seine erste Auslandsreise und wohnt in Wien (am 4. April) einer Aufführung seines »Nabucco« bei.

In der zweiten Hälfte des Jahres scheint es zur engen Bindung an Giuseppina Strepponi gekommen zu sein, die dann zur idealen Gefährtin für mehr als ein halbes Jahrhundert wird.

Das Herrenhaus auf Verdis Landsitz Sant' Agata

1844 In Venedigs »Teatro Fenice« wird (am 9. März) mit stärk-
stem Erfolg Verdis Vertonung von Victor Hugos Drama
»Ernani« (Hernani) uraufgeführt.
Nur acht Monate später (am 3. November) gibt es in Rom
eine neue Verdi-Premiere: »I due Foscari«.

1845 Auch dieses Jahr bringt wieder zwei neue Verdi-Opern:
»Giovanna d'Arco« (Die Jungfrau von Orléans), nach
Schiller, in Mailand (am 15. Februar), und »Alzira« in
Neapel (am 12. August).
Verdi bezeichnet später im Rückblick diese Epoche als
seine »Galeerenjahre«; sie währen bis etwa 1851.

1846 Jahr anhaltender Krankheiten.
Uraufführung des »Attila« am 17. März in Venedig.

1847 Uraufführung von Verdis »Macbeth«, nach Shakespeare,
in Florenz (am 14. März) und der »Masnadieri« (Die
Räuber), nach Schiller, in London (am 22. Juli). Verdi
erwirbt das ursprünglich kleine Gut Sant'Agata, nahe bei
Busseto, und baut es im Laufe der Jahre zu einem pracht-
vollen Herrensitz aus, den er bis zu seinem Tode be-
wohnt.

Gaetano Donizetti (1797–1848),
Verdis musikdramatischer Vorläufer

1848 In seiner Heimatstadt Bergamo stirbt in geistiger
Umnachtung Gaetano Donizetti, der oft als der unmittel-
bare künstlerische Vorläufer Verdis betrachtet wird. Nun
ist die ganze letzte »Belcanto«-Komponistengeneration
verstummt: Gioacchino Rossini hat sich 1829 vom Theater zurückgezogen. Vincenzo Bellini ist, sehr jung, im
Jahr 1835 gestorben. Verdi hat innerhalb der italienischen Oper keinen ebenbürtigen Rivalen mehr.
Am 25. Oktober wird in Triest seine Oper »Il Corsaro«
(Der Korsar) uraufgeführt.
1849 Uraufführung von Verdis »Battaglia di Legnano« (Die
Schlacht von Legnano) in Rom (am 27. Januar); seine
»Luisa Miller« (nach »Kabale und Liebe« von Schiller)
wird in Neapel am 8. Dezember erstmals gespielt.

1850 Verdis Oper »Stiffelio« erleidet am 16. November in Triest einen vollständigen Mißerfolg.
Verdis Gedanken kreisen um neue Stoffe, so um »Hamlet«, »Kean«, »Gusmano il Buono«. Einen »König Lear« scheint er skizziert und sogar teilweise schon ausgeführt zu haben; Verdi hat ihn wohl vernichtet, wahrscheinlich verbrannt, wobei einige Bruchstücke in späteren Werken Aufnahme gefunden haben könnten. Am intensivsten beschäftigt Verdi sich mit Victor Hugos Drama »Le roi s'amuse« (Der König amüsiert sich), das 1832 in Paris durchschlagenden Erfolg hatte. Der Präsident des Teatro Fenice in Venedig hat im März bei Verdi wegen einer neuen Oper angefragt. Verdi schlägt dieses Sujet vor und beauftragte Francesco Maria Piave, der schon vier Opern für ihn textiert hat, mit der Ausarbeitung des Librettos.
Verdi aber, im Vollbesitz seiner schöpferischen Kräfte, denkt weiter voraus und schlägt dem Librettisten Salvatore Cammarano (am 2. Januar) den spanischen Stoff »El Trobador« von Antonio Garcia Gutierrez für ein gemeinsames Werk vor.

1851 Mit »Rigoletto« erringt Verdi (am 11. März) im Teatro Fenice zu Venedig den für seinen Weltruhm entscheidenden Erfolg. Die Oper wird noch weitere 21 Male in der gleichen Spielzeit aufgeführt und sofort von zahllosen Theatern Italiens und des Auslands angenommen.
Briefwechsel mit Cammarano über das Textbuch zum »Troubadour«. Mehrere italienische Bühnen bewerben sich um die nächsten Premieren Verdis.
Ende Juni stirbt Verdis Mutter im Dörfchen Vidalenzo.
Zerwürfnis mit Busseto, wo Verdi seit Jahren lebt, da er eine Einmengung Fremder in seine Privatsphäre – sein gemeinschaftliches Leben mit der Sängerin Giuseppina Strepponi, das bis an beider Lebensende dauern wird – unter keinen Umständen duldet. Reise nach Paris.

1852 Salvatore Cammarano stirbt über der Arbeit am Textbuch zum »Troubadour«. Verdi findet im Napolitaner Leone Emanuele Bardare einen neuen Mitarbeiter, der das schon weit vorgeschrittene Libretto zum »Troubadour« in Übereinstimmung mit Verdis Gedanken und Angaben vollendet.

Verdi sieht in Paris Alexandre Dumas' Dramatisierung seines Romans »Die Kameliendame« und beschließt endgültig, diesen Stoff zu vertonen. Abschluß des Vertrages über »Il Trovatore« mit dem Apollo-Theater in Rom.

1853 Im Abstand von knapp sieben Wochen führt Verdi zwei neue Opern zum ersten Male auf: am 19. Januar den »Troubadour« in Rom, der stürmisch bejubelt wird; am 6. März hingegen fällt »La Traviata« im Teatro La Fenice in Venedig vollständig durch.

Gegen Ende des Jahres zieht Verdi mit seiner Lebensgefährtin Giuseppina Strepponi für einige Zeit nach Paris, wo er an der Auftragsoper für die Weltausstellung von 1855 – »Les vêpres siciliennes« (Die sizilianische Vesper) auf einen Text des bedeutenden Dramatikers Eugène Scribe – zu arbeiten beginnt.

1854 Am 6. Mai gelangt, abermals in Venedig – wenn auch in einem anderen Theater – »La Traviata« erneut auf die Bühne. Der Mißerfolg des Vorjahrs verwandelt sich in einen bedeutenden Triumph und öffnet dieser Oper die Musiktheater der ganzen Welt.

1855 In Paris wird (am 13. Juni) Verdis Festoper zur Weltausstellung, »Les vêpres siciliennes« (Die sizilianische Vesper) uraufgeführt.

1857 Uraufführung des »Simone Boccanegra« (am 12. März) in Venedig sowie der nun »Aroldo« betitelten Neufassung des »Stiffelio« (am 16. August) in Rimini.

1858 Langwierige Schwierigkeiten mit der bourbonischen Zensur wegen des »Maskenball«, der ursprünglich für Neapel in Aussicht genommen war.

1859 Uraufführung der Oper »Un ballo in maschera« (Ein Maskenball) am 17. Februar in Rom.

Im kleinen Dorf Collonges-sous-Salève, in der Nähe von Genf im damals noch italienischen Savoyen gelegen, werden Verdi und Giuseppina Strepponi am 29. August in aller Stille getraut.

Verdi, von Italiens neuem König Vittorio Emanuele und dem bedeutenden politischen Führer Cavour persönlich empfangen und geehrt, wird Deputierter der Turiner Nationalversammlung, Ehrenbürger von Parma und Bologna sowie Mitglied des »Institut de France« in Paris.

1862 Uraufführung der »Forza del destino« (Macht des Schicksals) in St. Petersburg (am 10. November).

Auf einen Text Arrigo Boitos, mit dem er Jahre später intensiv zusammenarbeiten wird, komponiert Verdi eine Kantate für die Londoner Weltausstellung.

1864 Tod Giacomo Meyerbeers, des einflußreichsten Opernkomponisten seiner Zeit, in Paris.

1865 Verdis »Macbeth« erklingt (am 21. April) in einer Neufassung in Paris, eine Woche vor der posthumen Premiere der letzten Meyerbeer-Oper »Die Afrikanerin«.

1866 Aus politischen Gründen sucht Verdi den Vertrag zu lösen, der ihn zur Komposition einer neuen Oper für Paris verpflichtet. Er reist dorthin, erreicht sein Ziel aber nicht und beginnt in den Pyrenäen, wo er zur Wiederherstellung seiner Gesundheit weilt, mit der Arbeit am »Don Carlos«.

1867 Uraufführung des »Don Carlos« (nach Schiller) am 11. März in Paris.

Tod von Verdis Vater und seines einstigen Mäzens und ersten Schwiegervaters Antonio Barezzi.

1868 Tod Rossinis, der Verdis Talent frühzeitig erkannt, ihm aber geraten zu haben scheint, nur Dramen, keine Lustspiele zu komponieren.

Begegnung Verdis mit dem von ihm hochverehrten Dichter Alessandro Manzoni.

1869 »La forza del destino« (Die Macht des Schicksals) wird in einer neuen Fassung (am 27. Februar) in Mailand erstmals gespielt.

Hector Berlioz stirbt in Paris.

Am 1. November wird in der ägyptischen Hauptstadt ein (italienisches) Opernhaus mit Verdis »Rigoletto« eingeweiht.

1870 Verdi erhält den zuerst vagen, dann konkreten Auftrag für eine Oper zur bevorstehenden Eröffnung des Suezkanals. Unter Mitarbeit des Librettisten Antonio Ghislanzoni vollendet er »Aida«, deren Uraufführung sich aber zwangsläufig durch den preußisch-französischen Krieg verzögert.

1871 Uraufführung der »Aida« (am 24. Dezember) in der Kairoer Oper, mit stürmischem Erfolg.

1872 Am 8. Februar erklingt »Aida« in der Mailänder Scala zum ersten Male auf europäischem Boden und im Beisein des Komponisten. Der Erfolg von Kairo wiederholt sich.

1873 Verdi komponiert in Neapel, wo er zu »Aida«-Proben weilt, ein (einziges) Streichquartett, das (am 1. April) dort uraufgeführt wird.

1874 Verdi komponiert im Andenken an den verstorbenen Dichter Alessandro Manzoni ein Requiem, das am ersten Jahrestag des Todes (22. Mai) in der Mailänder Kirche von San Marco uraufgeführt wird. Verdi reist in den folgenden Jahren als Dirigent seines Requiems in zahlreiche große Städte: Paris, London, Wien usw.
Am 8. Dezember wird er zum Senator Italiens ernannt.

1879 Arrigo Boito, Dichter und Komponist (Oper »Mefistofele« nach Goethes »Faust«) besucht Verdi in Sant'Agata und kann den alternden Meister, dessen Lebenswerk allgemein als abgeschlossen betrachtet wird, zur Komposition seines »Otello«-Entwurfes (nach Shakespeare) überreden.

1881 Erste Aufführung des textlich von Boito neubearbeiteten »Simone Boccanegra« (am 24. März) in Mailand.

1883 Tod Richard Wagners in Venedig (13. Februar).

1884 Erster Aufführung einer neuen Fassung des »Don Carlos« (am 10. Januar) in Mailand. Von dieser Oper stellt Verdi nicht weniger als sieben Versionen her.

1887 Triumphale Uraufführung des »Otello« (am 5. Februar) in der Mailänder »Scala«.

1893 Bejubelte Uraufführung der letzten Verdi-Oper »Falstaff« (nach Shakespeare, ebenfalls von Boito bearbeitet) am 9. Februar in der Mailänder »Scala«.
Verdi wird 80 Jahre.

1897 Tod Giuseppinas am 14. November.

1899 Verdi stiftet ein Erholungs- und Altersheim für Musiker (Casa di riposo) in Mailand.

1901 Am 27. Januar stirbt Verdi im 88. Lebensjahr in Mailand. Seine Ziehtochter Maria Carrara erfüllt anscheinend seine letzte Verfügung, alle privaten Briefe und Erinnerungen seines Lebens zu verbrennen. Die Leiche wird provisorisch beerdigt. Am 26. Februar werden die Särge Giuseppinas und Giuseppe Verdis, unter ungeheurer Anteilnahme des Volkes und mit höchsten Ehren in der Mailänder »Casa di riposo«, dem Heim für alte Musiker, zur letzten Ruhe gebettet.

Die Opern Verdis

1. *Oberto, conte di San Bonifacio* (*Mailand, 17. 11. 1839*)
2. *Un giorno di regno* (*Mailand, 5. 9. 1840*)
   (oder, ursprünglich,
   Il finto Stanislao)
3. *Nabuccodonosor* bzw. *Nabucco* (*Mailand, 9. 3. 1842*)
   (Nebukadnezar)
4. *I Lombardi alla prima crocciata* (Mailand, 11. 2. 1843)
   (Die Lombarden auf dem ersten
   Kreuzzug)
5. *Ernani* (Hernani) (*Venedig, 9. 3. 1844*)
6. *I due Foscari* (*Rom, 3. 11. 1844*)
   (Die beiden Foscari)
7. Giovanna d'Arco (*Mailand, 15. 2. 1845*)
   (nach Schillers: Die Jungfrau
   von Orléans)
8. *Alzira* (*Neapel, 12. 8. 1845*)
9. *Attila* (*Venedig, 17. 3. 1846*)
10. *Macbeth* (*Florenz, 14. 3. 1847*)
11. *I Masnadieri* (*London, 22. 7. 1847*)
    (nach Schillers: Die Räuber)
12. *Jérusalem* (*Paris, 26. 11. 1847*)
    (Bearbeitung der »Lombardi«)
13. *Il Corsaro* (Der Korsar) (*Triest, 25. 10. 1848*)
14. *La battaglia di Legnano* (*Rom, 27. 1. 1849*)
    (Die Schlacht von Legnano)
15. *Luisa Miller* (nach Schillers: (*Neapel, 8. 12. 1849*)
    Kabale und Liebe)
16. *Stiffelio* (*Triest, 16. 11. 1850*)
17. *Rigoletto* (*Venedig, 11. 3. 1851*)
18. *Il Trovatore* (Der Troubadour) (*Rom, 19. 1. 1853*)
19. *La Traviata* (*Venedig, 6. 3. 1853*)
20. *Les vêpres siciliennes* . (*Paris, 13. 6. 1855*)
    (Die sizilianische Vesper)
21. *Simone Boccanegra* (*Venedig, 12. 3. 1857*)
22. *Aroldo* (*Rimini, 16. 8. 1857*)
    (Bearbeitung von Stiffelio)

23. *Un ballo in maschera*   *(Rom, 17. 2. 1859)*
    (Ein Maskenball)
24. *La forza del destino*   *(Petersburg,*
    (Die Macht des Schicksals)   *10. 11. 1862)*
25. *Macbeth* (Neufassung)   *(Paris, 21. 4. 1865)*
26. *Don Carlos*   *(Paris, 11. 3. 1867)*
27. *La forza del destino*   *(Mailand, 27. 2. 1869)*
    (Neufassung)
28. *Aida*   *(Kairo, 24. 12. 1871)*
29. *Simone Boccanegra*   *(Mailand, 24. 3. 1881)*
    (Neufassung)
30. *Don Carlos* (Neufassung)   *(Mailand, 10. 1. 1884)*
31. *Otello* (Othello)   *(Mailand, 5. 2. 1887)*
32. *Falstaff*   *(Mailand, 9. 2. 1893)*

Herausgegeben von Kurt Pahlen

Kompletter Text in der Originalsprache, gegebenenfalls mit deutscher Übersetzung mit musikalischen Erläuterungen, Geschichte der Oper, Inhaltsangabe mit zahlreichen Fotos und Illustrationen und Kurz-Biographie des Komponisten.

Beethoven
Fidelio, SEM 8001

Bernstein
West Side Story, SEM 8046

Bizet
Carmen, SEM 8002

Humperdinck
Hänsel und Gretel, SEM 8045

Leoncavallo
Der Bajazzo, SP 8039

Mascagni
Cavalleria rustica, SP 8040

Mozart
Così fan tutte, SEM 8004
Don Giovanni, SEM 8005
Die Entführung aus dem Serail, SEM 8006
Le nozze di Figaro, SEM 8007
Die Zauberflöte, SEM 8008

Mussorgski
Boris Godunow, SEM 8044

Puccini
La Bohème, SEM 8012
Madame Butterfly, SEM 8013
Tosca, SEM 8014
Turandot, SEM 8015

Rossini
Der Barbier von Sevilla, SEM 8016

Strauss
Elektra, SP 8043
Der Rosenkavalier, SEM 8018
Salome, SP 8042

Verdi
Aida, SEM 8019
Don Carlos, SEM 8020
Falstaff, SP 8021
Die Macht des Schicksals, SP 8022
Ein Maskenball, SEM 8023
Nabucco, SEM 8041
Othello, SEM 8024
Rigoletto, SEM 8025
La Traviata, SEM 8026
Der Troubadour, SEM 8027

Wagner
Der fliegende Holländer, SEM 8028
Lohengrin, SEM 8030
Die Meistersinger von Nürnberg, SEM 8031
Parsifal, SEM 8032
Tannhäuser und der Sängerkrieg auf Wartburg, SEM 8035
Tristan und Isolde, SEM 8036
Der Ring der Nibelungen
I Das Rheingold, SEM 8033
II Die Walküre, SEM 8037
III Siegfried, SEM 8034
IV Götterdämmerung, SEM 8029

Weber
Der Freischütz, SP 8038

Opern der Welt

In allen Buch- und Musikalienhandlungen erhältlich!